\ 教師の仕事が AI で変わる! /

さる先生の
ChatGPT
教科書の

Microsoft 認定教育イノベーター
Canva 認定教育アンバサダー

坂

JN029309

学陽書房

ChatGPTの衝撃 〜まえがきにかえて

「こんなの人間の仕事と違う、AIの仕事や！」

10年前の話だ。

6年生の学年団4人で頭を抱えていた。

時間割が組めん。

行事が混じってくる時期の大規模校は、それが特に顕著だ。

　秋だ。2Fの職員室の目の前には桜の木があり、葉は色づいていた。運動会を目前に控え、ご丁寧にその翌月には大阪府の外国語の研究大会もスタンバイしていた。

　まず、運動会の体育館や運動場の割り当てがされる。これが目下のところ最優先だ。

　次に、音楽の専科の先生の授業がある。すごく指導熱心な女性の先生だ。週2時間、我々に空き時間を与えてくれる女神のような存在だった。

　そして、外国語の授業は外国語教育助手（AET）の先生がやってくるので英語の授業も計画的にしないといけない。フィリピン人のイケメンのお兄さんだ。研究大会へ向けてこれも大事だ。

　配当された理科室の時間に合わせて理科の実験をする。夜の20時から4人で白目になりながら予備実験をするぐらい回っていなかった。

　家庭科では、エプロン作りをミシンでやっている。なお、このミシンには昭和48年とマジックで書かれているため先輩だ。僕の10個上のミシン姉さんたちはすこぶる機嫌が悪い。ことあるごとに糸が絡ま

り再起不能になっていた。僕のミシン修理スキルが無駄にメキメキと上がっていった。

　そう、4クラスで、これだけ多くのマストな授業を、指定された時間通りに組もうとすると破綻する。「あちらを立てれば、こちらが立たず」といった事態が多発するからだ。それはさながら真っ白なジグソーパズルを組むようだった。

　そんな時に、僕が叫んだのが「こんなの人間の仕事と違う、AIの仕事や！」だったのだ。

　10年前は冗談のつもりだった。

　AIがこんな仕事をしてくれるなんて、ドラえもんの時代まで来ないと思っていた。

　ところがどっこい。まだ伊勢丹でドラえもんは売っていないが、ネットでAIを買うことはできるようになったのだ。

　ChatGPTだ。

　22世紀を待たずにして、未来のテクノロジーを我々は手にすることになった。

　こいつがあれば、人間の脳みそでは無理だった、厳密に言うと、無理ではないが、果てしなく大変だった仕事、これを肩代わりしてくれる世界線が来たのだ。

特大のインパクト　ChatGPT

　2022年、ChatGPTの登場が世界に特大のインパクトを与えた。

　産業革命に匹敵するか、それを上回る革命だと言われている。

　産業革命により、これまで人が「手」でやっていたことが機械に置き換わった。蒸気の力で歯車やピストンをえいさほいさと回したり、上下させたりして、モノを作れるようになった。人が手でやるそれとは

比較にならないレベルで生産性が向上した。

　ChatGPTによるAI革命では何が起こっているのか。それは人がこれまで「脳」でやっていた仕事がAIに置き換わるということだ。

　手にせよ、脳にせよ、それなりに使えるようになるには「鍛錬」の時間が必要だった。

　「手」の仕事はどうだろう。

　例えば100円寿司で働いているアルバイトを例に挙げよう。職人は一人もいないため、ハマチやらタイやらの鮮魚をさばくのもアルバイトだ。もちろんすぐには上手く切れない。でも、数日もやればできるようになる。鍛錬に必要なコストはそう多くはなかった。

　しかし「脳」の仕事はどうだろう。例えば、読者の方の中で「テトリス」を作れる方はいるだろうか。99％の方は無理だろう。僕ももちろんその中の一人だ。

　ルールは全員がわかっている。横一列に並んだらブロックが消え、一番上まで積み上げてしまったらゲームオーバーだ。

　もし、家族を人質に取られ、

　「1時間でテトリスを作れ。さもなくば人質の命は保証できない」

と言われたら、どんな行動をするだろうか。

　死に物狂いで勉強して、なんとしてでもテトリスの完成にこぎつけようとするだろう。そのためには、プログラミングのそれなりの知識や技能が必要になる。今から必死で学び、テトリスのコードをかけるようにならないと家族が危ない。

　専門学校に通ってそのための知識や技能を学び鍛錬が必要な案件だが猶予は1時間しかない。願書を書いている間にゲームオーバー、絶体絶命のピンチだ。

しかし、ChatGPTに頼むとどうだろう。

「テトリスのコードを書いて」

すると、40秒ぐらいでできた。

これにはドーラ※もニッコリだ。

そして誘拐犯はあんぐりだ。

正直、僕にはゲームを作るスキルは全くない。コードを読んでもほとんどわからない。

このように、これまでは多くの時間やお金をかけて自分自身を鍛錬させないとできなかったことがChatGPTならできるようになった。

「こんなこといいな できたらいいな」が本当にできるようになるのだ。

ChatGPTは「手」でやる仕事はできない、ただ「脳」でやる仕事の多くはできるようになりつつある。それも想像を絶するスピードで。これはとてつもないイノベーションだ。

学校でどう使う？

ChatGPTがお茶の間を賑わせていた2023年の初夏、こんなニュースが話題になった。

「夏休みの読書感想文の宿題、全部ChatGPTにやらせる子どもが出てくるのではないか」

そもそもこの読書感想文を夏休みの宿題として丸投げすることに賛否がある。僕は否定的だ。だから学校でやっている。一旦この問題は横に置いておいて、子どもたちが本来考えないといけないことを、ChatGPTに丸投げすること、これはNGだ。

※ジブリ映画「天空の城ラピュタ」に出てくる「40秒で支度しな！」が名セリフのキャラ。

　では、学校ではどうなるのだろう。2023年7月、文科省から「初等中等教育段階における生成AIの利用に関する暫定的なガイドライン」が出された。これには僕もヒアリング等で協力させてもらった。イチ公立小学校教員がここの有識者のリストに入ったのは事故レベルの出来事だ。

　さて、ここでの方針を簡単に、そしてマイルドにまとめる。

　世界では生成AIの活用が当たり前になる。だから学校でも校務や授業での活用するシーンは出てくるだろう。

　リスクには慎重にならないといけない。個人情報の流出、著作権の侵害、誤情報の拡散、不適切な活用による子どもへの悪影響。

　ぶっちゃけまだまだ黎明期なので何がどうなるかはわからない。ただ、長年教育界をむしばんできた「教職はブラック」という闇をふり払う魔法の杖になり得る存在、それがChatGPTだ。

　このChatGPTという魔法の杖のふり方を1年間、試行錯誤を続けてきた。本書を通じて、教育の世界をみなさんと少しでも明るくできれば本望だ。

坂本　良晶

\ 教師の仕事が AIで変わる！/

さる先生のChat GPT の教科書

————————

CONTENTS

————————

CONTENTS

ChatGPTの衝撃 〜まえがきにかえて ………………………… 002

索引 ……………………………………………………………… 014

CHAPTER

1

教師の仕事を激変させる
ChatGPT とは?

人類の歴史を変えるものが爆誕!
**教師の仕事の世界線を変える
ChatGPTとは?** ………………………………………………… 016

ChatGPTがもたらす激震
「生成AIって何?」 …………………………………………… 018

対話ができるAI
ChatGPTは対話により最適な回答をくれるAIだ ………… 020

ChatGPTはある時点までの情報しか知らない
「日本代表のベストイレブンを組んでください」 ………… 022

AIはいくらでもまちがえる
**ハルシネーション（幻想）とは?
「ごんぎつねのストーリーをまとめて」** …………………… 024

ChatGPTのはじめ方
ChatGPTをはじめよう ……………………………………… 026

やってみよう!
ChatGPT-3.5の基本操作 …………………………………… 030

個人情報に注意
シークレットモードの使い方 ……………………………… 032

国の方針を押さえておこう
文科省の生成AIガイドラインとは? ⋯⋯⋯⋯⋯ 034

無料・有料どっちがいい?
無料版と有料版の違いとは? ⋯⋯⋯⋯⋯⋯⋯⋯ 036

TOPIC **MicrosoftのBing Chatのはじめ方** ⋯⋯⋯ 038

TOPIC **GoogleのBardのはじめ方** ⋯⋯⋯⋯⋯⋯ 040

COLUMN **AIと働き方の話** ⋯⋯⋯⋯⋯⋯⋯⋯⋯⋯⋯ 042

CHAPTER
2

知っておきたい!
ChatGPTの基本と効果的な使い方

役割を与えることで仕事の文脈を読ませる
相手意識を持たせる「あなたは教師です」 ⋯⋯⋯⋯ 044

条件を指定することで精度を上げる
条件を指定する「条件1：400字程度で」 ⋯⋯⋯ 046

出力形式を指定する
条件を指定する「テーブル形式で出力してください」 ⋯⋯ 048

文章を調整する
**生成された文章をより良くする
「具体性を高めてください」** ⋯⋯⋯⋯⋯⋯⋯⋯⋯⋯ 050

プロンプトを指定する
**ChatGPTに正確に仕事をしてもらう
「ステップバイステップで考えよう」** ⋯⋯⋯⋯⋯⋯ 052

COLUMN **AIと雇用の話** ⋯⋯⋯⋯⋯⋯⋯⋯⋯⋯⋯ 054

CHAPTER

3

今日から誰でも使える!

ChatGPTの学校での活用法（無料版）

校 務 　アンケートの結果を整理する
「意見をポジティブとネガティブに分けて整理して」…… 056

校 務 　文章を校正する
「誤字脱字のチェックをしてください」…… 058

行 事 　アイデア出しをしてもらう
「大縄大会のネーミングを30個考えてください」…… 060

学 級 　複数の条件を同時に満たす案を出す
「席替えを実施してください」…… 062

学 級 　成績データの処理をする
「Excelの関数を作ってください」…… 064

社 会 　学習課題のためのリンク先をまとめる
「各自動車メーカーのリンク集を
作ってください」…… 066

算 数 　子どもが興味を持つ算数プリントを作る
「ポケモンを題材に1年生向けの
算数の文章問題を作ってください」…… 068

算 数 　クリエイティブな授業アイデアを作る
「黄金比率をテーマとした
授業のアイデアを考えてください」…… 070

体 育 　体育のトレーニング案を考える
「サーキットトレーニングの
アイデアを考えてください」…… 072

算 数　単元の内容に応じた評価基準を作る
「評価基準を作ってください」 ……………………………… 074

生活科　授業の活動アイデアと材料をイメージ出しする
「おもちゃのアイデアと材料を提案してください」 … 076

社 会　子どもへの分担の割り振り案を作る
「全児童に47都道府県を
ランダムに割り振ってください」 ………………… 078

行 事　行事の子どもの台本を作る
「よびかけの台本を作ってください」 ………………………… 080

行 事　子どもの記録データからグルーピングを行う
「運動会の100m走の
走順表を作成してください」 ………………… 082

COLUMN　ChatGPTを運用するPC環境 ……………………………… 084

CHAPTER
4

もっと使い倒そう！
ChatGPTの学校での活用法
応用編（有料版）

有料版ChatGPT-4ができること
有料版ChatGPT-4でどう変わる？
「あなたは坂本龍馬です」 ……………………………… 086

有料版ChatGPT-4の性能の高さ
空気を読むChatGPT-4
「『押すなよ、押すなよ』と言っています」 ……………… 088

校 務　複数条件の重なる時間割を作る
時間割を生成
「6年1組〜4組の来週の時間割を組んでください」 ···· 090

社 会　DALL-Eで画像を作る
画像を生成（基礎）
「日本の魅力を伝える画像を生成してください」 ···· 092

社 会　DALL-Eで社会科の視覚資料を作る
画像を生成（実践）「坂本龍馬を歴史背景で」 ············· 094

社 会　WebPilot　プラグインでインターネットとAIをつなぐ
プラグインでChatGPTの機能を解放する
「現在の世界の人口ランキングを教えて」 ···················· 096

学 級　Doc Maker　プラグインでExcelの表を作る
音読カードを生成
「土日と祝日はカットする」 ·· 098

学 び　VoxScript　プラグインで動画を要約する
YouTubeを視聴させて要約させる
「リンク先の会見の内容をまとめて」 ···················· 100

英 語　Smart Slides　プラグインでスライドを作る
PowerPointを生成させる
「英会話の例文を5つ考えてください」 ················· 102

国 語　HeyGen　プラグインでアバターが音読する動画を作る
「話す様子を生成してください」 ······························ 104

校 務　数百人分の原稿を校正する
「卒業文集を推敲して改善点を
リストアップしてください」 ·································· 106

GPTsとは？　GPTs Storeでいろいろ選んで使える！

GPTが作れる！　Storeで選べる！
「あなたはスーパー小学校教師です」 108

音声会話機能を使う

GPTsに喋らせる
「あなたはAETのキャサリンです」 110

画像認識機能を使う

ChatGPTに絵を見てもらう
「画像を解析して」 112

COLUMN　**AIとCanva** 114

ご購入・ご利用の前にかならずお読みください

　本書は、2024年1月14日までの情報をもとにChatGPTの操作方法について解説しています。本書の発行後にChatGPTのサービスや、機能や操作方法、画面の表示などが変更された場合には、本書の掲載内容通りには操作ができなくなる可能性があります。

　また、本書に記載された内容は、情報の提供のみを目的としております。本書を参考に操作される場合は、必ずご自身の責任と判断に基づいて行ってください。本書の運用により想定していた結果が得られない場合や、直接的または間接的な損害が発生した場合も、弊社および著者はいかなる責任も負いかねます。あらかじめご理解、ご了承ください。

　本文中に記載されている会社名、製品名は、すべて関係各社の商標または登録商標、商品名です。なお、本文中には™および®マークは記載しておりません。

索引

この索引はその用語の主な解説があるページを示すものです。

【あ・か行】

音声会話　　　　　　　　　P110
会話形式　　　　　　　　　P48
画像生成AI　　　　　　　　P92-93

【さ・た行】

シークレットモード　　　　P32-33
初等中等教育段階における生成AIの
　　利用に関する暫定的なガイドライン
　　（2023年7月、文部科学省）　P34
ステップバイステップ　　　P52-53
生成AI　　　　　　　　　　P18-19
対話型AI　　　　　　　　　P20
テーブル形式　　　　　　　P48
ドーラ　　　　　　　　　　P5

【は・ら行】

ハルシネーション（幻想）　P24
ファクトチェック　　　　　P24
プラグイン　　　　　　　　P96
プロンプト　　　　　　　　P44
ランキング形式　　　　　　P48
リストアップ形式　　　　　P48

【アルファベット順】

Bard　　　　　　　　　P16-17,40-41
Bing Chat　　　　　　　P16-17,38-39
ChatGPT　　　　　　　　P3-4,16-17
ChatGPT-3.5　　　　　　P36-37
ChatGPT-4　　　　　　　P36-37
ChatGPT-4 with Vision　P112-113
DALL-E　　　　　　　　　P92-93
Doc Maker　　　　　　　P98-99
GPTs　　　　　　　　　　P108-109
HeyGen　　　　　　　　　P104-105
if関数　　　　　　　　　　P64
Image Creator　　　　　　P92
LLM　　　　　　　　　　　P22
OpenAI　　　　　　　　　P16-17
Smart Slides　　　　　　　P102-103
VoxScript　　　　　　　　P100-101
WebPilot　　　　　　　　P96-97

※GPTは「Generative Pre-trained Transformer」の略で、OpenAIが開発した自然言語処理技術であり、ChatGPTはこのGPTをベースに開発したチャットボット技術です。

\ 教師の仕事を激変させる /

Chat GPT とは？

人類の歴史を変えるものが爆誕！

教師の仕事の世界線を変える ChatGPTとは？

▶ ChatGPTとは何か？

　2023年7月、文科省から「初等中等教育段階における生成AIの利用に関する暫定的なガイドライン」というものが出された。この策定には、有識者としてヒアリングを受けるなど、僕自身も少し関わらせていただいた。

　冒頭から「ChatGPTやBing Chat、Bard等の対話型生成AIは、あたかも人間と自然に会話をしているかのような応答が可能であり……」とある。

　これは教員向けのガイドラインだが、このようにあちこちで横文字が炸裂し、苦手な人をノックアウトしてしまっている。まずは、このガイドラインをもとに、ChatGPTについて誰でも喉を詰まらせずにごっくんと飲み込めるくらいには細かく噛み砕いていこうと思う。

整理しよう！

　まず、混乱を引き起こしている一因がChatGPTという固有名詞だ。コイツの立ち位置をまずは明確にしておきたい。

　ChatGPTはOpenAIという企業が開発したものだ。これがお茶の間レベルで一般化しているため、生成AI＝ChatGPTと思われがちだ。「カレー」でたとえよう。ChatGPTはインドカレーだ。そしてMicrosoftの作ったBing（ビング）Chatがタイカレー、Googleが作ったBard（バード）が欧風カレーだ。2023年12月現在ではこの3つが有名になっている。要するにこれらは並列の関係にある。しかし、ChatGPTが突出して有名になってしまった。そのため、ChatGPTだけがカレーみたいに思われているが、3つとも各々違うカレー（生成AI）なのだ。これでなんとなく構造が見えたのではないだろうか。

こんな
関係！

ChatGPT、Bing Chat、Bardは並列の関係

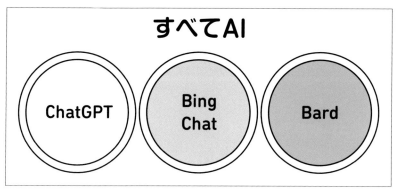

3つともそれぞれ生成AIのサービス

	ChatGPT	Bing Chat	Bard
提供主体	OpenAI	Microsoft	Google
利用規約上の年齢制限	13歳以上 18歳未満の場合は保護者同意	成年であること 未成年の場合は保護者同意	18歳以上
利用料	GPT3.5の場合は無料 GPT4の場合は20米ドル/月	無料	無料
プロンプトの機械学習の有無	有 ※機械学習をさせないようにする設定が可能	デフォルトで機械学習をさせない設定	有 ※機械学習をさせないようにする設定が可能
準拠法	米国カリフォルニア法	日本法	米国カリフォルニア法
管轄裁判所	米国カリフォルニア州サンフランシスコ郡内の裁判所	日本	米国カリフォルニア州サンタクララ郡内の裁判所

出典：文部科学省「初等中等教育段階における生成AIの利用に関する暫定的なガイドライン」（2023年7月）

OpenAIのChatGPT、MicrosoftのBing Chat、GoogleのBard、ひとまずこれらの生成AI三傑が並列の関係であることを押さえておこう。

POINT

- **ChatGPTはOpenAIが開発した生成AI**
- **ChatGPT、Bing Chat、Bardは全て生成AI**

「生成AIって何？」

▶ 生成AIって？

　AI、AI、AI、とにかく2022年下旬からこのAIというワードがありとあらゆる場所で聞かれるようになった。その震源地はどこなのか。それはOpenAIが開発したChatGPTだ。ここからAIの激震が地球レベルで始まった。現在ではMicrosoftがBing、GoogleがBardをリリースしている。Appleも開発中だとか。

　2023年5月には、東京工業大学や富士通などが日本の誇るスーパーコンピュータ「富岳」を使って生成AIを開発するプロジェクトが発表された。

　要するに、国家や企業にとって、今後絶対に持っておきたいカード的存在、それが生成AIだと言える。

やってみよう！

　全く使ったことのない方から「ChatGPTはググるのとどう違うのか」と聞かれる。

　ググると、誰かが作ったサイトへ飛んでその内容を読むことになる。当然、それはどこかの誰かが書いた文章だ。ではChatGPTはどうか。世界中のネットワークからかき集め、封じこめたデータから良い感じに文章を生成するのだ。試しに「生成AIって何？」とググってみる。すると一番上には野村総合研究所のサイトが出てきた。ここにアクセスすると確かに生成AIに関することが書かれている。これはこの組織の特定の誰かが書いた文章だ。

　ChatGPTに同じ質問をするとどうだろう。生成AIに関してそれらしい文章が生成された。時間にして10秒ぐらいだ。これは誰かが書いた文章ではなく、ChatGPTが生成した文章だ。

ChatGPTは文章を生成してくれる

 これができる！

生成AIって何？ ← このように質問を入力すると、
文章をAIが生成して回答する

生成AI（Generative AI）は、人工知能（AI）の一種であり、主にデータの生成や創造的な
タスクに使用される技術です。生成AIは、機械学習のサブフィールドである生成モデル
（Generative Models）を使用して、新しいデータを生成したり、既存のデータを変換した
りすることができます。生成AIは、自然言語処理（NLP）、画像生成、音声合成、アート生
成、ゲームのクリエイティブな要素、医療診断など、さまざまなアプリケーションで使用
されています。

生成AIの代表的な技術としては、以下のものがあります：

1. **GAN（Generative Adversarial Network）**：GANは、生成モデルの一つで、2つのニューラ
   ルネットワーク、生成器（Generator）と識別器（Discriminator）を競わせることで、高品
   質の画像、音声、テキストなどのデータを生成するのに使用されます。
2. **VAE（Variational Autoencoder）**：VAEは、データの潜在的な表現を学習し、それを用いて
   新しいデータを生成するモデルです。主に画像生成や音声生成に使用されます。
3. **言語モデル**：言語モデルは、自然言語処理のタスクに使用され、テキストデータを生成およ
   び理解するために設計されています。最近では、大規模なプリトレーニング済みの言語モ
   デルが非常に注目されており、多くのNLPタスクで応用されています。
4. **自動画像生成**：画像生成モデルは、写真のスタイル変換、アート作品の生成、画像修復など
   のタスクに使用されます。
5. **音声合成**：生成AIは、音声合成にも使用され、テキストから自然な音声を生成するために活
   用されています。

生成AIは、創造的なプロジェクトやタスクにおいて非常に役立つ技術であり、アート、エ
ンターテイメント、研究、ビジネスのさまざまな分野で利用されています。

POINT

- ● ググった結果、出てくるのは誰かが書いた文章
- ● ChatGPTは大量のデータをもとに文章を生成する

ChatGPT は対話により 最適な回答をくれる AI だ

▶ 対話型 AI って？

ChatGPT は対話型の AI であることが大きなイノベーションだと言われている。次の疑問は「対話型ってどういうこと？」になる。よくよく見てほしい。ChatGPT の Chat は「チャット」だ。もう少し噛み砕くと、LINE 的なやりとりを可能にしているのが ChatGPT だ。

やってみよう！

例えば、夫婦間の LINE で考えてみよう。帰りに奥さんから LINE が届いた。「帰りにバナナ買ってきて」。通勤路のスーパーに行ってバナナを探す。しかし、売り切れだった。ここで LINE を返す。「バナナ売り切れなんだけど」「じゃあ、りんご買ってきて」「OK。何個ぐらい？」「5 個入りでいいよ」「OK」ってな具合の会話がLINE でなされることはよくあるだろう。これと同じように最終的な決定を会話を通じて微調整することが ChatGPT ではできるのだ。

前のページで生成された「生成 AI って何？」の解答をもう一度見てほしい。どうだろう。ほとんどの方にとっては「難しい」と感じるのではないだろうか。そこで「専門用語が多すぎます。もっと簡単に説明してください」と ChatGPT にお願いしてみた。OK。確かに簡単になった。でも今度は内容が薄すぎる。「具体的な内容を例示しながら、もう少し教えてください」とお願いしたら、うん、良い感じの説明をしてくれた。しかも ChatGPT は嫌な顔一つせず、毎回丁寧に対応してくれる。なんて人のできた AI なんだろう。

これが できる！ LINEのように会話で内容を調整してもらう

> 専門用語が多すぎます。もっと簡単に説明してください。

> もちろんです。生成AIは、コンピュータープログラムがデータを「作り出す」技術です。例えば、新しい画像、文章、音声をコンピューターが自動的に作成することができます。これは、アート、ゲーム、文書生成、音声合成、医療診断など、さまざまな分野で利用されています。生成AIは、人間の創造性をコンピューターに持たせる方法の一つです。

> 具体的な内容を例示しながら、もう少し教えてください。

> もちろんです。生成AIの具体的な例をいくつか示します：
>
> 1. **画像生成**: 生成AIを使用して、新しい画像を作成できます。例えば、有名なGAN（Generative Adversarial Network）を使って、新しい芸術作品の生成が可能です。この技術は、美術家やデザイナーによるクリエイティブなプロジェクトで利用されています。また、顔写真を合成して新しい人物の顔を生成することもできます。
> 2. **文章生成**: 言語モデルを使った生成AIは、文章を自動的に生成します。例えば、自動ニュース記事生成や文章要約がその一例です。あるいは、小説の一部を自動的に書き出すことも可能です。
> 3. **音声合成**: 生成AIは、テキストから自然な音声を合成することができます。これは、音声アシスタントやオーディオブックの制作に役立ちます。
> 4. **ゲームデザイン**: ゲーム開発者は、生成AIを使ってゲームのキャラクターやマップを生成します。プレイヤーが異なる冒険や挑戦に出会うために使われます。
> 5. **医療診断**: 生成AIは、医療画像（例：X線やMRI）から異常を検出するためにも利用されます。また、新薬の設計や分子構造の予測にも役立ちます。
>
> 生成AIは、これらの例を含む多くの異なるアプリケーションで使用されており、データを自動的に生成し、クリエイティブなプロジェクトをサポートするための強力なツールとなっています。

生成AIに関する情報の語彙レベルや文字量を対話を通じて調整することがポイント。一発でなかなか良いテキストは生成されない。

POINT

- **ChatGPTはLINE的な感覚で対話することができる**
- **ChatGPTは会話の要領で文章を修正することができる**

「日本代表のベストイレブンを組んでください」

▶ LLMって？

　生成AIは、膨大な量の情報から深層学習によって構築した大規模言語モデル（LLM（Large Language Models））に基づき、「それっぽい」答えを弾き出す仕組みになっている。ここでのポイントは「構築した」という過去形だ。すなわち、ChatGPTさんはインターネットをあちこち歩き回って答えを拾い集めているのではなく、過去の一定の時期までの情報を詰め込んだ膨大なデータを使ってお仕事をしているということを理解しておきたい。

やってみよう！

　わかりやすい例で試してみよう。
　ChatGPTの無料版（GPT-3.5）で「サッカー日本代表のベストイレブンを組んでください」と指示をする。
　するとどうだろう。2022年1月までの情報しか持っていないので、その時点でのベストイレブンを組んだ。
　今は日本代表にいない香川真司選手や本田圭佑選手が名前を連ねている。しかし、今をときめく三笘薫選手はいない。なぜなら2022年1月の時点ではまだ頭角を表してはいなかったからだ。この年の12月のワールドカップで大ブレイクを果たしたため、ChatGPTのLLMにはデータがないということだ。
　なお、このデータはカーナビのように定期的に更新される。そのうち三笘選手がベストイレブンに名を連ねる時も来るはずだ。
　現在、ChatGPTの有料版（GPT-4）では2023年4月までの情報を学習している。

　※上記の情報は2024年1月10日時点の状況です。

ここに注意！ 過去のある時点までのデータ でしか答えられない

 サッカー日本代表のベストイレブンを組んでください

 サッカー日本代表のベストイレブンを選ぶのは主観的であり、異なる人々の意見があります が、以下は一般的に評価の高い選手から構成される可能性が高いベストイレブンの一例 です。ポジションによっては、複数の優れた選手がいるため、他の選択肢も考えられます。

1. ゴールキーパー: 川島永嗣
2. 右サイドバック: 酒井宏樹
3. センターバック: 吉田麻也
4. センターバック: 冨安健洋
5. 左サイドバック: 長友佑都
6. 右ミッドフィールダー: 原口元気
7. 中央ミッドフィールダー: 香川真司
8. 中央ミッドフィールダー: 柴崎岳
9. 左ミッドフィールダー: 大迫勇也
10. 右ウィング: 本田圭佑
11. ストライカー: 久保建英

このベストイレブンは2022年1月までの情報に基づいています。新たな才能が現れたり、選 手のパフォーマンスが変わったりする可能性があるため、最新の情報を確認することが重 要です。また、監督や戦術によっても選手の起用が変わることがあります。

もちろん、最新の情報にアクセスさせることもできる。そうすれば最新の日本代表の 選手でのベストイレブンを組んでくれるだろう。ただし、そのためには基本的には ChatGPT-4、すなわち有料での使用が前提となる。CHAPTER4で詳しくお伝えしたい。

POINT

- ChatGPT-3.5（無料版）のLLMは2022年1月までの膨大 なインターネットのデータで構成されている
- 課金すれば最新のデータにアクセスさせることも可能

ハルシネーション（幻想）とは？「ごんぎつねのストーリーをまとめて」

▶ AIは木から落ちまくる

文科省の生成AIのガイドラインにハルシネーション（幻想）という言葉がある。これは最も注意を払うべき事項の一つだ。ChatGPTは万能ではなく、デタラメなことをいっぱい言うし、簡単な仕事のミスもすることがある。AIは木から落ちまくるのだ。では、このハルシネーションを意図的に起こしてみよう。

やってみよう！

教員の方ならほとんどの方が「ごんぎつね」のストーリーはご存知かと思う。言わずと知れた新美南吉さんの名作で、ひとりぼっちの小ぎつね・ごんと、母を亡くした青年・兵十のストーリーだ。おそらくインターネットにもこういった情報はたくさんあるのでググればすぐにあらすじの書かれたサイトが見つかるはずだ。

よし、ではChatGPTにお願いしてみよう。「ごんぎつねのストーリーとは？」

右の画像をご覧いただきたい。驚きの適当さに圧倒されるのではないだろうか。「美しい女性に化けたごん十が、その真の姿を人間に知られると追われる身に…」もはや1mmも合っていない。でも、もしごんぎつねを知らない方がこれを読んだらどうだろう。「っぽく」書かれているので、あたかもこういうストーリーだと勘違いしてもおかしくないだろう。

読者の方は事実（ごんぎつねのあらすじ）を知っていたので、これに気づくことができた。ファクトチェックができたから、ChatGPTのフェイントに引っかからずに済んだわけだ。要するに、ChatGPTを活用して仕事をする際には、生成された文章が正しいかどうかをファクトチェックできるものに限ったほうがよいということだ。今回のごん十のように、まんまと狐に化かされることになりかねない。

むちゃくちゃなストーリーの ごんぎつねに…

 「ごんぎつね」のストーリーとは？

「ごんぎつね」とは、日本の伝説や民話に基づいた有名な童話の一つです。この物語は、日本の文学や文化において非常に重要な位置を占めており、多くのバリエーションやアレンジが存在しますが、基本的なストーリーは以下のようなものです。

物語は、山中に住む狐（ごん狐）の一族を中心に展開します。ごん狐は、しばしば人間の姿に変身し、人々の中に紛れて暮らしています。主要な登場人物には、ごん狐の父であるごん太（またはごん六、ごん七）と、彼の子供であるごん十、ごんひさ、ごんぶ、ごんぷらがいます。物語の中心的なテーマは、人間と狐との交流、愛、裏切り、そして狐の魔法に関するものです。

具体的なストーリーは異なるバージョンによって異なることがありますが、一般的には、ごん狐の子供たちが人間の姿で人々と交流し、特に美しいごん十（またはごんひさ）が主要なキャラクターとして描かれます。ごん十は美しいが、彼女が狐であることを知る人間が現れ、その事実が明らかになると、彼女は追われることとなります。

物語は、ごん狐の子供たちと人間の間に起きるさまざまな出来事や愛のエピソードを描きながら進行し、しばしば感動的な結末を迎えます。この物語は、日本文学や文化における狐の伝説と、人間と超自然的な存在との関係についての重要なテーマを探求しています。

「ごんぎつね」は日本の文学や伝説の中で非常に愛され、多くの文学作品、演劇、映画、アニメーションなどに影響を与えています。この物語は日本の文化において重要な位置を占めており、その魅力は今もなお多くの人々に伝わっています。

↻ 再生成

斜め上のごんぎつねができ上がった。兵十はいずこへ？

ChatGPTの作ったものについてはファクトチェックが必要。そのため使いどころを考える必要がある。

POINT

- **ChatGPTが生成する文章は正しいとは限らない**
- **ファクトチェックができるものに限って活用しよう**

ChatGPTを
はじめよう

▶ どうやったらはじめられる？

　ここまでページを繰ったなら、ちょっと使ってみようかなと思う人がいるはずだ。はじめ方は難しくはない。まずChatGPTのサイトにアクセスし、アカウントを作ろう。Google、Microsoft、Appleのいずれかのアカウントがあればシングルサインオン（SSO）が可能なためスムーズに進む。ほんの数分でアカウントの作成は完了するだろう。なお、アプリ版もあるので、スマホにインストールすることも併せておすすめする。僕は結構な比率でスマホでChatGPTを動かしている。

やってみよう！

　ChatGPT-3.5は無料で使用可能で、ChatGPT-4は有料になる。ほとんどの場合、はじめの時点ではひとまず無料版でいいだろう。たとえるならChatGPT-3.5は軽自動車で、ChatGPT-4はスポーツカーだ。普通に公道を走る分にはどちらでも機能は変わらない。しかし、サーキット走行をするとなると話は別だ。
　学校業務というサーキットでガンガンChatGPTを走らせるような使い方になってきてから課金しても問題ないと言える。
　月額20ドル（2024年1月14日のレートで約2900円）という金額は十分にペイできていると、個人的には感じている。優秀な部下を雇っていると考えるようにしている。そう考えるとコスパは最高だ。
　とはいえ、個人で実費を払ってというのは本来的ではない。自治体や学校単位で予算が出るようになるといいなあと思う。

Googleなどのアカウントがあればすぐにスタートできる!

①パソコンかスマホで「ChatGPT」と検索してみよう。サイトが出てきたら左下の「Try on web」をクリックすると②の画面が出る。

②左頁のQRコードからもこのページに飛べる。「Sign up」を選んで登録してみよう。

③メールアドレスを入れるか、もしくはGoogleやMicrosoft、Appleのアカウントを利用してクリックしていくと簡単にChatGPTのアカウントが作れる。次のページからはメールアドレスでの登録方法を紹介しよう。

POINT

- Google等のアカウントを使うシングルサインオンがおすすめ
- はじめは課金なしのChatGPT-3.5でOK!

［ メールでの ChatGPT アカウント作成 ］

1 メールアドレスを入力して「続ける」をクリック。

2 12文字以上で任意のパスワードを作って入力して「続ける」をクリック。

3 入力したアドレスあてにメールが届く。メールを開き、「Verify your email address」をクリック。

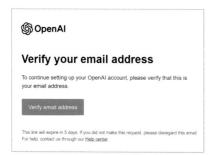

4 このような画面になるので、名前と誕生日を入力して「Agree」をクリック。

⑤ ログイン画面からログインするとホーム画面に入れる。最初はスタートのためのヒントが表示されるので「Okay, let's go」をクリックすると実際のホーム画面が表示される。

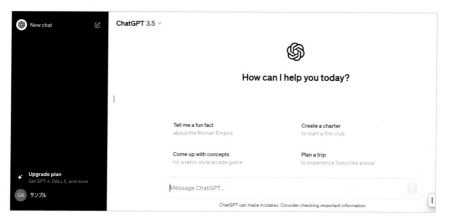

ChatGPT-3.5 の基本操作

それでは、ChatGPT-3.5の画面の基本操作をやってみよう。
ここでは、主要な機能を使う方法だけを紹介していく。

1 ログインするとこのホーム画面が表示される。

2 左下の自分の名前のところをクリックすると、
メニューが出てくる。ここで「Settings」を選ぶ。

3 英語で設定メニューが出てくるので
「Locale」のところを「ja-JP」に変える。
こうすると画面表示が下のように日本語に変わる。

ここをクリックして
ja-JP を選ぶ

---

4 画面表示が日本語になる。各種操作は下記の通り。

1 ChatGPTへの命令文（プロンプト）を入力するバー。

2 ChatGPTへの命令文を書き終わったらここをクリックすると
ChatGPTが回答をはじめる。

3 ChatGPTと新しい会話（チャット）をはじめたいときは
ここをクリックするとはじめられる。

4 これまでにChatGPTとやりとりした会話（チャット）の履歴が
上から新しいもの順に並ぶ。

5 ここをクリックすると無料のChatGPT-3.5と有料のChatGPT-4の切り替えができる。
無料版のユーザーがここをクリックすると
アップグレードの申込ができるようになっている。

シークレットモードの使い方

▶ 個人情報を保護する設定をしておく

　ChatGPTを活用するにあたり、留意すべき点は「個人情報」だ。一番はじめに結論をお伝えすると、ChatGPTに個人情報を入力してはいけない。それを前提とした上で教育で活用する我々がやっておくべきことがシークレットモードの設定だ。これによりChatGPTとの会話内容がChatGPTに学習されないようになる。※

はじめてみよう！

　P31の❸の操作で画面表示を日本語にした後、画面左下の自分の名前のところをクリックしてメニューを出し、「設定」をクリックし、ポップアップ画面の「データ制御」をクリックする。ここで「チャット履歴とトレーニング」のボタンがオフ（薄いグレー）になっていればOK。すると画面に「このブラウザではチャット履歴がオフになっています。」と表示されるようになる。これによりChatGPTに打ち込んだ内容が学習されなくなる。

　なお、不正監視のため30日間は履歴には残るようになっている。もう一度確認だが、これをオフにしたからといって個人情報を入力してはいけない。例えば、子どもの氏名とそれに紐付くテストの点数などだ。

　ChatGPTを今後、教育界で運用していく上で、最も注意を払わなければいけないことは、この個人情報問題だと言える。これまで教育の世界で2万回くらいは繰り返されたであろう個人情報の入ったUSBメモリ紛失問題。このテンプレ化された問題と同じようなことが、ChatGPTに置き換わらないようにすることが我々の務めだと言えるだろう。

　※シークレットモードにすると、P31の❹の❸と❹は表示されなくなる。

こうしよう！ シークレットモードを活用しよう！

設定　×

⚙ 一般

🗄 データ制御

チャット履歴とトレーニング 　⬜

このブラウザでの新しいチャットを履歴に保存し、モデルの改善に使用できるようにします。保存されていないチャットは、30日以内にシステムから削除されます。この設定はブラウザやデバイス間で同期されません。詳しくはこちら

共有されたリンク 　Manage

データをエクスポート 　エクスポート

アカウントを削除 　削除

このブラウザではチャット履歴がオフになっています。

履歴がオフになっている場合、このブラウザでの新しいチャットは、あなたのどのデバイスの履歴にも表示されず、当社のモデルのトレーニングに使用されることも、30日以上保存されることもありません。この設定はブラウザやデバイス間で同期されません。詳細を見る

⏻ チャット履歴を有効にする

ここをオフにすれば
シークレットモードに

じゃあ実際にどんな機密漏洩につながる事故は起こったのか。2023年4月、某世界的企業が3件確認されたことが報じられた。プログラミングのデータ、会議の録音データの文字起こし等だ。この情報が第三者の手に渡ってどうこうという話には今のところなっていないが、大きく取り上げられた。

いくら便利だからといって我々もプライバシーの高い情報を入力しないようにしよう。

POINT

- シークレットモードでChatGPTに学習させないようにできる
- 個人情報を入れるのは絶対NG！

文科省の生成AIガイドラインとは？

▶ まずは校務で使おう

2023年の7月にリリースされた「初等中等教育段階における生成AIの利用に関する暫定的なガイドライン」における文科省の方針について要点をまとめたい。ガイドラインは、幅広い意見聴取や科学的知見に基づいて暫定的に取りまとめられ、今後も進展するルール作りや新たな知見に基づき、機動的に改訂されることが予定されている。

端的に言うと、「使用禁止！」ではなく「右見て左見て右見て使ってみよう」だ。ただし、授業において、子どもたちが生成AIを使うことはハードルがかなり高い。まずは校務においてどう使うかを考えたい。

やってみよう！

民間企業では生成AIが使われはじめている。同様に、教育現場でも働き方改革の切り札として校務で使っていきたい。そのためには、我々はまずその利便性や危険性を理解することが大切だ。

この文科省のガイドラインの活用法の紹介では、しきりに「たたき台」という言葉が使われている。報告書、挨拶文、おたよりの文章のたたき台等だ。すなわち、ひとまず対大人の仕事においてたたき台として8割をAIにやってもらって、残りの2割を自分で最終調整をする、そんな使い方をまずはやってみよう。

右頁で学年だよりの挨拶文のたたき台を生成してみた。8割はOK、でもやはり2割ぐらいは違和感があるので手直しが必要だ。しかしゼロから書くより楽だろう。

こう使おう！ 「たたき台」としての活用を打ち出している

ガイドラインの要点はこちら

分類	活用例
児童生徒の指導に関わる業務	・教材のたたき台 ・練習問題やテスト問題のたたき台 ・生成AIを模擬授業相手とした授業準備
学校行事・部活動への支援	・校外学習等の行程作成のたたき台 ・運動会の競技種目案のたたき台 ・部活動等の大会や遠征にかかる経費の概算 ・定型的な文書のたたき台
学校の運営に関わる業務	・報告書のたたき台 ・授業時数の調整案のたたき台 ・教員研修資料のたたき台 ・HP等広報用資料の構成のたたき台 ・挨拶文や式辞等の原稿のたたき台
外部対応への支援	・保護者向けのお知らせ文書のたたき台 ・外国籍の保護者へのお知らせ文書の翻訳のたたき台

たたき台には充分使える文章が作成される

あなた
あなたは小学校の先生です。
年明けの保護者向けの学年だよりの挨拶文を書いてください。
< 2 / 2

ChatGPT
もちろんです。以下は年明けの保護者向けの学年だよりの挨拶文の例です。

親愛なる保護者の皆様へ、

新年明けましておめでとうございます！2023年が皆様にとって幸せで健康な一年でありますように、心よりお祈り申し上げます。

新学年が始まり、子供たちが元気に登校してくれて、私たち教育者としてはとても嬉しい瞬間です。今年も子供たちの成長と学習を全力でサポートし、安全で愛情あふれる学環を提供できるよう努力いたします。

POINT

- 授業で子どもが生成AIを使うのは先の話
- まずは校務におけるたたき台作りとしての活用を

無料版と有料版の違いとは？

▶ ズバリ！無料版と有料版との違いとは？

現在、ChatGPTは無料版と有料版に分かれている。無料版と有料版のどちらを選ぶかによって、利用できる機能や体験が異なる。ここでは、それぞれのバージョンの特徴と違いを比較解説したい。

やってみよう！

無料版：ChatGPT-3.5

無料版のChatGPTは、一般的な質問への回答や文書作成支援など、基本的にテキストでの仕事に限定される（シングルモーダル）。個人的な使用や基本機能に慣れるために適しているが、アクセスに制限があり、利用可能な時間帯や応答速度に制約があることもある。

有料版：ChatGPT-4

有料版のChatGPTは、無料版の基本機能に加え、画像処理も可能になる（マルチモーダル）。また、高速な応答速度、優先的なアクセス、プラグイン（P96参照）活用、高度なカスタマイズオプションなどできることの幅が大きく広がる。ビジネスや専門的な目的での利用に向いており、より豊富な機能と利便性を求めるユーザーに適している。

Copilot（GPT-4）

2023年12月、MicrosoftのCopilotのアプリ版がリリースされた。このCopilot、GPT-4が無料で使えるのだ。あくまでもスマホでの使用なので限定的ではあるが、試す価値は大アリだろう。

ここが違う！ ChatGPT-4はマルチモーダルとなり仕事の幅が格段に広がる

	ChatGPT-3.5	ChatGPT-4
料金	無料	有料（月額20ドル）
対話形式	テキストのみ（シングルモーダル）	テキストと画像（マルチモーダル）
データ処理力	普通	高い
拡張機能	プラグイン使用不可	プラグイン使用可能
GPTの編集機能	無	有

POINT

- 無料版 ChatGPT-3.5は基本的にテキストでの仕事に限られる
- 有料版 ChatGPT-4はテキストに加えて画像処理ができたり、プラグインによる拡張機能が使えたりすることで、より複雑な仕事ができる

Microsoft の Bing Chat のはじめ方

Bing Chat をはじめよう

Bing Chat とは?

Microsoft の対話型 AI が Bing Chat だ。Microsoft Prometheus (マイクロソフト・プロメテウス) という GPT-4 と検索エンジンの Bing を組み合わせた技術を利用している。

[はじめてみよう!]

Microsoft のアカウントがなくても「Bing Chat」と Microsoft Edge で検索すればすぐにはじめることができる。また、ⓑのアイコンをクリックでもすぐに立ち上がる。

ChatGPT-3.5 に対する優位性として、常にインターネットに接続しているため、タイムリーな情報をもとに文章を生成することができる点にある。ChatGPT の場合なら有料版でなければできないことなので、これはお買い得な奥さん案件である。ただし、Microsoft のアカウントがあれば1日60回、なければ1日に10回という使用制限があるので注意が必要だ。

また特徴的な点としてアカウントでサインインすると、会話のスタイルを「より創造的に」「よりバランスよく」「より厳密に」から選ぶことができることが挙げられる。目的に応じて使い分けることができる。

インターネットに接続して使用できる！

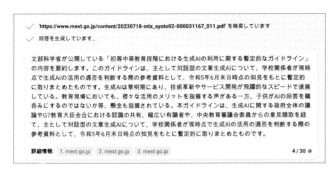

例えば、文科省の生成AIのガイドラインのリンクを貼り付け、要約するように指示してみた。しっかりと要約してくれた。

ウェブ検索をもとに最新データで世界の人口ランキングを生成した。Excelのアイコンをクリックすると、そのまま編集やダウンロードができる。

POINT

- アカウントがなくても無料で活用できる(使用制限あり)
- インターネットに接続できるという強みが非常に大きい
- 3つのスタイルを使い分けることができる

Google の Bard のはじめ方

Bard をはじめよう

Bard とは？

　Google のアカウントを学校で使っている方は、Bard を使うと校務がスムーズにいくだろう。Bard は PaLM2 という LLM を使っており、GPT-3.5 と同程度の性能だと言われている。

[はじめてみよう！]

　Google のアカウントがあればすぐにはじめることができる。Google 検索と連携していることが ChatGPT に対する優位性だと言える。あと、めっちゃ速い。ChatGPT や Bing Chat がカタカタとタイピングをするようにテキストが生成されるのと比べ、少し考えたあと一気に全てのテキストが生成、出力される点もセールスポイントだと言える。

　また特徴的な点として常に 3 つの案を出してくれるドラフト機能が挙げられる。試しに教育イベントの案内メールの作成をしてみた。するとご覧いただけるように、3 つのパターンを考えてくれた。たたき台を作るというタスクにおいてこれは便利だ。

Bard で生成した文章を
そのまま Gmail へ

Googleのツールとの連携が可能

3つのアイデア案が出された。ChatGPTだと再生成しないと他のアイデア案が出ないのでこれは便利だ。

Bard は Google のツールを連携することができる。例えば、Gmail を分析させて特定の相手からの内容をリストアップさせるようなこともできる。

POINT

- **動作が非常に速い**
- **Google 検索や Gmail 等のツールと連携している**
- **3つの案を提示してくれるドラフト機能がある**

AIと働き方の話

教育界に先んじてChatGPTの導入について取り組んでいるビジネス界の様子を見てみよう。2023年12月7日の日本経済新聞で、三菱UFJ銀行が生成AIの導入で月22万時間以上の労働時間の削減にあたると試算したという記事が、掲載された。22万時間というと、週5日、1日8時間の労働時間として、従業員1人の約100年分の労働時間が削減されることになる。

働き方の問題が叫ばれて久しい教育界において、生成AIの効果的な活用は非常に重要なミッションだと言える。

もちろん、ビジネス界でこの決定がスムーズにされたわけではなく、生成AI活用においては慎重論も多かった。その中で、活用の方向へと舵を切る企業が増えている。

同じように教育界でも同じような議論は今後も起こるであろう。相対的に保守的であり、デジタルに対する苦手意識が強い教育界だ。おそらく、この本をわざわざ手に取っている読者のあなたは、2024年時点では少なくとも教育界におけるイノベーター寄りのポジションを取っている方だろう。文科省は効果的な活用にポジティブな姿勢を示している。しかし、実際に手を動かして現場を変えていくのはプレイヤーだ。もちろん、活用を打ち出したところで反対意見も上がることもあるだろう。「みんなわかっていない…」と下を向いてはいけない。そこでしっかりと根回しをし、丁寧に対話していくことが大切だ。

CHAPTER

2

\ 知っておきたい！ /

Chat GPTの基本と効果的な使い方

役割を与えることで仕事の文脈を読ませる

相手意識を持たせる「あなたは教師です」

▶ 役割を与えよ

　例えば、子どもが作文を書く活動をするとしよう。その際、見本があると便利だ。作文のテンプレートと複数の見本があれば、作文指導がかなり楽になる。でも、ゼロからそれを書くととても大変。しかも複数の見本となると相当時間がかかる。こんな仕事こそChatGPTの得意分野だ。

やってみよう！

　ChatGPTに仕事をしてもらう際、言葉で指令を入力する。この指令のことを「プロンプト」という。このプロンプトは日本語でお願いを書くだけでOK。

　プロンプトをChatGPTに入力するとき、より良い成果を生み出してもらうために大切なことがある。それは「ChatGPTに役割を与える」ということ。

　こうすることでChatGPTはどんな仕事をすればよいかという文脈を読み取ることができるようになり、仕事っぷりがすこぶるよくなるのだ。

　さぁ、まずは役割を与えよう。

　あなたが小学校教師なら、教員が最もよく使うプロンプト「あなたは小学校教員です」、これを打ち込むことから始まる。

　ここではお試しとして、仕事の目的は「6年生のための作文見本を書く」としよう。これだけでChatGPTは教師の立場で、6年生のための作文見本を書く仕事をはじめる。

　また、その役割に「優秀な」と付け加えることで、アウトプットの質が上がるとも言われている。

こう伝える！ ChatGPTに役割と目的を伝える

 あなたは小学校教員です。小学校6年生が作文を書く活動をします。その見本を書きます。

条件１：400字程度
条件２：任意の一つの国の特色を紹介
条件３：３つの特色
条件４：はじめと終わりを含めて５段落

 あなたは 消防士です。

消防士の仕事に関する質問に、小学3年生がわかる言葉で答えてください。

・火事が大きくて消防車が足りない時はどうするのですか？

 火事が大きくて消防車が足りないとき、消防士たちは協力して他の消防署から追加の消防車を呼びます。また、大きな火事では水を供給するために消防用のホースを伸ばして、水源から水を引っ張ってきたり、近くの川やプールから水を汲んできたりします。そして、消防士たちはチームで協力して火を消すために頑張ります。火事が広がらないように近くの建物や人々を守ることが大切です。

さまざまな役割を伝える

役割の指示にはさまざまなパターンがある。「体育の教師です」「音楽の教師です」「事務員です」など、やってほしい仕事に対して、より具体的な役割を指示するとよいだろう。
上のように「あなたは消防士です」とすれば、子どもたちの質問に対して、小学３年生が理解できる言葉で的確な答えを返してくれるChatGPT消防士が誕生する。

POINT

- 仕事を理解させるために役割を与える
- 仕事の目的を伝える
- 対象が何年生かを伝える

条件を指定することで精度を上げる

条件を指定する
「条件1：400字程度で」

▶ 条件を指定せよ

　条件を指定せずにChatGPTに生成をさせると、こちらが意図するものと違う量や質のものになりがちだ。思っていたよりかなり短い文章になったり、意図したものと内容がズレていたり。対話を繰り返すことで修正はできるが、できるなら少ない手数で仕事を終わらせたい。ここで役立つのが条件を指定するという方法だ。

やってみよう！

　こちらの意図をしっかりと伝えるために、条件を指定していこう。まずは文字数の指定をしよう。

 あなたは小学校教員です。小学校6年生が作文を書く活動をします。その見本を書きます。

　　条件1：400字程度
　　条件2：任意の一つの国の特色を紹介
　　条件3：3つの特色
　　条件4：はじめと終わりを含めて5段落

　このように条件を設定してあげることで、ChatGPTの仕事の精度はかなり向上する。

条件を指定すれば仕事の精度が グッと上がる

こう
伝える！

 もちろん、小学校6年生向けの作文の見本を書きます。この作文では、任意の国の特色を 紹介しながら、トピックを3つに分けて書いてみます。以下がその見本です。

タイトル：オーストラリアの自然と文化

はじめに、今回は皆さんにオーストラリアという素晴らしい国についてお話ししようと思 います。オーストラリアは世界地図で南半球に位置し、その美しい自然や多様な文化で知ら れています。今回の作文では、オーストラリアの特色を自然、文化、そして動物に焦点を当 てて紹介してみます。

第一トピック：美しい自然

オーストラリアは美しい自然環境で有名です。例えば、グレート・バリア・リーフは世界最 大のサンゴ礁で、透明な海と美しい魚たちがたくさん住んでいます。また、オーストラリア には赤い砂漠も広がっており、ウルル（エアーズロック）という巨大な岩があります。これ はオーストラリア先住民族のアボリジニの聖地でもあります。

第二トピック：多様な文化

オーストラリアは多くの異なる文化が交わる場所でもあります。人々はさまざまな国か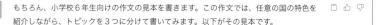 住してきて、それぞれの文化や習慣を持っています。特に、シドニーやメルボルンなどの都

条件どおりに答えてくれる

ChatGPTはこちらの意図したとおりに作文を書いてくれた。今回書いてくれたのはオー ストラリアだった。よくやったChatGPT。ではこの調子で他の国についても作文を書い てもらおう。続いてのプロンプトは「他国についても3つ書いてください」とした。すると、 同じ構成で日本、フランス、インドについても書いてくれた。このようにChatGPTは会 話が成立するので「あぁ、さっきのパターンのやつやな」と文脈を読んでくれるのだ。

> **POINT**
> - 条件を指定することで精度が上がる
> - ChatGPTは会話の流れを読むことができる

出力形式を指定する

条件を指定する
「テーブル形式で出力してください」

▶ 出力形式を指定せよ

　ChatGPTの最後の仕事は出力することだ。普通に出力をお願いすれば、シンプルにテキストが出てくる。しかし、時には表形式やリスト形式でお願いしたいこともあると思う。大丈夫、最後に一言「○○形式で出力」という指示を付け加えるだけでこれが可能になる。

やってみよう!

　出力形式はいくつかのパターンがある。表で出力する「テーブル形式」、箇条書きで出力する「リストアップ形式」、紐付いた数字を昇順に並べる「ランキング形式」、2人が話しているように出力させる「会話形式」などがある。

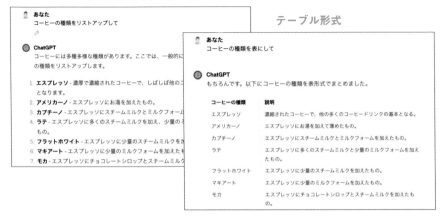

リストアップ形式

テーブル形式

こう
できる！

出力形式を指定して情報を整理させる

		日本の四季折々の美しい風景や文化、伝統的な祭りなど、国それぞれの特色があります。この作文では、私たちは六年生の皆さんに、日本の魅力的な側面をいくつか紹介していきたいと思います。
はじめに		
1つ目の特色		日本の四季折々の美しさは、世界中で称賛されています。春の桜、夏の祭り、秋の紅葉、冬の雪景色など、季節ごとに異なる風景が楽しめます。これらの風景を楽しむことは、日本人の生活の一部であり、自然との調和を感じる大切な瞬間です。
2つ目の特色		日本の伝統文化は、古くから受け継がれてきたものが多くあります。茶道、着物、武道などがその代表例です。特に茶道は、ただお茶を飲むだけでなく、心を落ち着かせ、他人との調和を大切にする精神が込められています。また、武道は体力だけでなく、心の強さを養う手段としても重要です。
3つ目の特色		日本の祭りは、地域ごとにさまざまな形で行われ、賑やかな雰囲気が広がります。たとえば、お祭りの際には神輿を担いだり、太鼓や踊りで盛り上がったりします。また、お祭りの食べ物や屋台も楽しみの一つで、地域ならではの味を楽しむことができます。
まとめ		日本は四季折々の美しい風景や伝統文化、賑やかな祭りなど、魅力的な特色がたくさんあります。これらの特色は、日本人の心や生活に深く根付いており、国の素晴らしさを感じることができます。皆さんも、日本の素晴らしさを大切にしながら、自分たちの成長と未来に向かって歩んでいってほしいと思います。

こうして日本に関する作文が生成されました。段落構成もバッチリ

構造を視覚化

作文指導をする際には、文章の構造を視覚化させることを意識している。そんな時は、上や右の画像のようにはじめ、中、終わりについて段落ごとにテーブル形式で出力させると一発で良い感じの見本ができ上がった。

インドについて		
はじめに		インドは多様な文化や宗教、美味しい料理で知られています。この作文では、六年生の皆さんに、インドの魅力をいくつか紹介していきたいと思います。
1つ目の特色		インドは多くの宗教が共存しており、カースト制度やカーストを超えた友情など、人々のつながりが感じられます。また、ゴールデン・テンプルなど、美しい寺院も多く、宗教的な要素も重要です。
2つ目の特色		インド料理はスパイスを使った美味しい料理がたくさんあります。カレーやナン、チャイなど、独特な味わいを楽しむことができます。また、ヒンドゥー教の祭りでは、カラフルな祭りやダンスが行われます。
3つ目の特色		タージ・マハルなど、美しい建造物もインドの特徴です。その歴史的な建造物や遺跡からは、古代の栄華と知識が感じられます。
まとめ		インドは多様な文化や宗教、美味しい料理、歴史的な建造物が魅力的な国です。その多彩な魅力を体験しながら、皆さんもインドの素晴らしさを探求してみてください。

POINT

- 出力形式を指定することで情報を視覚化できる
- 出てきた形式を変更するのもすぐできる

生成された文章をより良くする「具体性を高めてください」

▶ 繰り返し修正せよ

ChatGPTに書いてもらった文章、もちろん100点満点なんてことはほとんどない。修正してほしいポイントもあるだろう。そこで適切な指示を出してあげることでより良い文章にすることが可能になる。

やってみよう！

先ほどとほぼ同じ要領で作文を書いてもらった。3段落に目をやると、日本の伝統文化について紹介されていたので、ここに、例えば「伝統文化にアニメを含めてください」と指示する。すると3段落にアニメに関することが書き加えられた。

でも、せっかくなら具体的な作品についても触れてほしい。そこで「具体性を高めてください」というプロンプトを入力する。

これにより、「ドラゴンボール」や「ポケットモンスター」などの具体的な作品が作文の中に書かれた。もちろん、名指しで「『ドラゴンボール』について触れてください」といった指示を出すこともできる。ここでは作文を例に挙げているが、ありとあらゆる文章はこのプロンプトで具体性を調整させることが可能になるということだ。

似たようなプロンプトに「加筆してください」「要約してください」というものがあるが、これらよりも修正される文章の質は高いと感じる。

具体←→抽象の調整をする

> 伝統文化にアニメを含めてください
>
> もちろん、伝統文化にアニメを含めた日本の魅力を紹介する作文の見本をリスト形式で示します。
>
> **日本の魅力を紹介する作文の見本（伝統文化にアニメを含む）：**
>
> 1. **国の概要**
>   - 日本はアジアに位置し、四季折々の美しい自然が広がる島国です。東京が首都で、お寺や神社、伝統文化が豊かに残る国です。
> 2. **魅力1: 自然美**
>   - 日本は美しい自然がたくさんあります。桜の花が春に咲き誇り、紅葉が秋に広がります。また、富士山は国内最高峰で、美しい山です。
> 3. **魅力2: 伝統文化とアニメ**
>   - 伝統文化も魅力の一つです。着物や茶道、武道（剣道や柔道）、またお正月やお盆のお祭りも楽しい伝統です。そして、最近ではアニメも日本の文化の一部として愛されています。日本のアニメは世界中で人気で、ストーリーが面白く、キャラクターが魅力的で
> 4. **魅力3: おいしい食べ物**
>   - 日本はおいしい食べ物がたくさん！寿司や刺さまざまな美味しい料理があります。
> 5. **まとめ**
>   - 日本は美しい自然、伝統文化、アニメ、おいす。日本を訪れると、素晴らしい経験をたくニメは世界中で楽しまれており、日本の文化の魅力を体験してみてください。
>
> この見本を参考に、生徒たちが日本の魅力とアニだければ幸いです。

> 全体的に具体性を高めてください。
>
> 具体性を高めた、小学校6年生向けの日本の魅力を紹介する作文の見本をリスト形式で示します。
>
> **日本の魅力を具体的に紹介する作文の見本:**
>
> 1. **国の概要**
>   - 日本はアジアに位置する、美しい島国です。首都は東京で、日本全体には四季折々の美しい自然が広がっています。日本の国旗は白地に赤い円で、これは太陽を表しています。
> 2. **魅力1: 自然美**
>   - 日本の自然美は素晴らしいです。春には桜の花が咲き誇り、公園や川岸が花で彩られます。秋になると、紅葉の木々が赤や黄色に染まり、山々も美しい景色となります。また、富士山は日本の誇りで、雪をかぶった山頂が美しいです。
> 3. **魅力2: 伝統文化とアニメ**
>   - 日本の伝統文化は魅力的です。着物を着たり、お茶を点てたり、武道を学んだりする機会がたくさんあります。そして、最近ではアニメも日本の文化の一部として楽しまれています。例えば、『ドラゴンボール』や『ポケットモンスター』など、日本のアニメはカラフルで面白いキャラクターが登場することで有名です。
> 4. **魅力3: おいしい食べ物**
>   - 日本はおいしい食べ物の宝庫です。寿司や刺身は新鮮で美味しいですし、ラーメンやお好み焼きは家庭でも楽しめます。和菓子は見た目も美しく、抹茶を楽しむこともできます。
> 5. **まとめ**
>   - 日本は美しい自然、伝統文化、アニメ、おいしい食べ物がたくさんある素晴らしい国です。日本に行くと、桜の花見や富士山登山、アニメのイベントなど、素晴らしい体験をたくさんすることができます。また、アニメは世界中で楽しまれており、日本の文化の一部として愛されています。日本の魅力を自分の目で見て、味わってみてください。
>
> ↻ 再生成

使えるプロンプト

「具体性を高めてください」「抽象性を高めてください」といったプロンプトは汎用性が高い。

POINT

- ● 生成された文章に対して指示をすることで修正ができる
- ● 「具体性を高めてください」等のプロンプトは有効

ChatGPTに正確に仕事をしてもらう「ステップバイステップで考えよう」

▶ 魔法のプロンプトを駆使せよ

　ChatGPTのひとつの特性として、せっかちなところがある。こちらが指示したことを早合点して一気にやってしまったり、指示していたことを忘れたりと、おいおいと突っ込みたくなることも多々ある。そんなChatGPTを落ち着かせる魔法のプロンプトがある。

　それが「ステップバイステップで考えよう」だ。

やってみよう！

「ステップバイステップで考えよう」

　これは日本発祥のアイデアだそう。いつもどおりの指示の最後にこの一文を書き加えることで、ChatGPTは驚くほど落ち着いて仕事をするようになる。例えば、下記のプロンプトで右頁のアウトプットになる。

あなたは小学校教員です。
小学校6年生の国語の授業で日本の歴史を紹介する作文を書く活動をします。
そのための見本を書きます。

１　縄文時代から平安時代まで
２　歴史区分のはじめにリード文
３　歴史区分ごとに大段落
４　歴史区分ごとに３つのトピックについて小段落

ステップバイステップで考えて書いてください。

ステップバイステップの魔法で仕事の精度アップ

こうできる！

もちろん、小学校6年生向けの国語の授業で日本の歴史を紹介する作文を書く活動の見本を書きます。以下に ステップバイステップで考えてみましょう。

1. 縄文時代から平安時代まで
縄文時代から平安時代までの日本の歴史を紹介するには、以下のステップに従いましょう。

2. リード文
作文のはじめに、読者を引き込むリード文を書きます。これは全体のテーマを要約し、興味を引くものであるべきです。

例: "日本の歴史は古代から現代に至るまで、さまざまな時代がありました。今日は、縄文時代から平安時代までの日本の歴史に焦点を当ててみましょう。"

3. 歴史区分ごとに大段落
作文をいくつかの大段落に分割し、各段落で特定の時代を詳しく説明します。以下は各段落のテーマの例です。

4. 歴史区分ごとに3つのトピックについて小段落
各大段落内で、3つのトピックについて詳細を説明する小段落を書きます。トピックはその時代の重要な出来事や特徴に関連しています。

縄文時代

- トピック1: 縄文時代の生活と文化
- トピック2: 縄文時代の陶器と彫刻

↻ 再生成

ChatGPT に順番に仕事をしてもらう

ステップバイステップ方式にすることで、ChatGPT が一旦自分がすべきタスクを少しずつ整理していることがわかる。自分に課せられたタスクを理解させ、落ち着かせた上で仕事をしてもらうと精度が上がる。

POINT

- 複雑な条件の仕事になると ChatGPT はミスをしやすい
- 「ステップバイステップで考えよう」と最後に追記するだけで順番に仕事をするようになる

AIと雇用の話

　伊藤園は9月に「お〜いお茶　カテキン緑茶」のテレビCMに生成AIで作成したモデルを起用したことが世間の耳目を集めた。AIモデルを作成したAI model社によると、テレビCMへのAIタレントの起用は日本で初めてだそう。

　「未来の自分をいまから始める」というセリフが流れ、白髪の女性が若い女性に切り替わる様子が再現されている。これは実際のモデルでは実現することは難しい。伊藤園によると、現在の自分と30年後の未来の自分を表現するにあたり、両者が別人に見えないように年齢を重ねる表現をするのにAIタレントの活用は最適な手段だと考え、今回の起用に至ったという。

　またニュースキャスターがAIに置き換わっているシーンもよく見る。このニュースキャスター、ただ人間が書いたニュース原稿を読み上げているだけと思いきや、原稿の生成も担っているそう。

　タレント、ニュースキャスターは、これまで代替不可能性が高い職業だったが、AIが置き換わっているという事実が生まれつつある。AIが人間に取って代わるという大昔からあるシナリオが、急激に現実味を帯びてきている。さて、教師という仕事はこれからどうなるのだろうか。

CHAPTER

3

\ 今日から誰でも使える！ /

Chat GPTの
学校での活用法
（無料版）

アンケートの結果を整理する

「意見をポジティブと ネガティブに分けて整理して」

▶ 40秒で仕分けしな

　学校の仕事の中で、結構な負担になるのがアンケートに関する業務だ。Forms等が普及した今、数値的な集計は非常に楽になった。自動でグラフが生成されたりと本当に便利だ。しかし、テキストでの意見の集計、分析となると非常に骨が折れる。下手したら何時間もかかるような作業になりかねない。しかし、ChatGPTさんなら、誇張なく40秒でその仕分けをやってのけることができる。ドーラもにっこりだ。

やってみよう！

　やり方は非常にシンプルだ。まずFormsで集計したテキストを全部コピーして、ChatGPTにペーストする。そして、

　「意見をポジティブとネガティブに分けて整理して」

　と、指示をするだけで基本的にはオーケー。必要に応じて、テーブル形式で出力といった補足をすれば、なお良しだ。

　ChatGPTは、言語を分析して理解する能力が高い。この特性をフルに生かしたのがこのようなアンケートの整理や分析だと言える。

　また、整理したデータをもとに、考察を書いてもらうこともできる。たたき台としては、十分に使える内容だ。

こうできる! アンケート集計と分析が一瞬で

左頁のプロンプトでアンケート集計のデータを瞬時に整理することができた

以下は学校アンケートの回答をポジティブとネガティブに分けたテーブル形式です:

ポジティブ意見	ネガティブ意見
1. 学校教育は子供たちの社会的スキルを向上させる素晴らしい機会です。友達を作るチャンスがあり、コミュニケーション能力が向上します。	3. 学校のカリキュラムは時折、新しいアイデアや実用的なスキルに焦点を当てるべきだと感じます。もっと実践的な教育が必要です。
2. 先生たちは情熱的で、生徒たちの教育に全力を尽くしています。私たちの地域の学校は優秀です。	4. 学校の施設は古く、改善が必要です。特に体育館と図書館の設備が不足しています。
6. 先生たちは多くの情報を提供し、子供たちの学習をサポートしてくれます。コミュニケーシ	5. 学校での教育は非常にストレスフルで、生徒たちのメンタルヘルスに悪影響を及ぼすことが

アンケート結果をもとに、ChatGPTに考察をしてもらうことも可能

アンケート結果をもとに、200字程度で考察をしてください。

このアンケート結果から見ると、学校教育に関する意見は多様で、ポジティブな要素とネガティブな要素が存在しています。ポジティブな側面では、先生たちの情熱と教育への献身、多様性への尊重、実用的なスキルの提供、そして批判的思考能力の向上が強調されています。また、特別教育プログラムやSTEM教育への力の入れ方も評価されています。

一方で、ネガティブな側面では、学校施設の改善やセキュリティ上の懸念、ストレスへの配慮不足、宿題の負担、クラスのサイズ、評価システムへの不満、カリキュラムの公平性についての懸念が挙げられています。また、学校の給食や授業料に対する不満も存在します。

総括すると、学校教育は多くのポジティブな要素を提供しており、生徒たちの成長や未来のキャリアに貢献していますが、改善が必要な点も明らかです。教育機関は、生徒のメンタルヘルスや安全性、公平性への配慮を強化し、より効果的な学習環境を提供するために取り組む必要があります。生徒、教職員、保護者、コミュニティとの協力が重要で、継続的な改善が求められます。

POINT

- 集計したテキストデータを、まずはChatGPTにペースト
- ポジティブとネガティブに分けて整理してと指示する
- 考察までお願いすることもできる

文章を校正する

「誤字脱字のチェックを してください」

▶ 校正の仕事を任せよ

　教員にとって「負担ですよ仕事オブザイヤー」にノミネートされるであろうものが文書の誤字脱字チェックだ。この仕事をする上で避けては通れない道だと言える。紙に印刷して、赤字でチェックを入れてもらい、パソコンでもう一度チェックしてもらうみたいな仕事を、ChatGPTさんは消し去ってくれる。

やってみよう！

　ここでのプロンプトは単純明快。
　「誤字脱字のチェックをしてください」
　たったこれだけだ。さまざまなパターンを試したが、この誤字脱字チェックの精度はそれなりに高い。文末の微妙な間違いや、外来語の「スペース」を「スーペス」といった些細な間違いも修正してくれる。
　Wordで打った文章を一旦コピーし、ChatGPTにペースト、「誤字脱字のチェックをしてください」といった具合でガンガン使っていこう。
　このプロンプトの運用のさらなるコツとして、
　「修正したポイントを明記してください」
　とすること。どこがどう間違っていて、どこをどう修正してくれたのかがわかるため非常に便利だ。

こうできる！ 誤字脱字チェックと修正が、一瞬で終わる

 あなたは教務主任です。
以下の運動会の保護者向け文書の推敲をします。
誤字脱字のチェックをして修正してください。 ── **プロンプト**

保護者の皆様へ ◀── **プロンプトのあとに校正してほしい文章を入れる**

運動会の案内

お世話になっております。今年度の運動会が近づいてまいりますので、詳細情報をお知らせいたします。お子様たちが力を合わせて楽しい一日を過ごせるよう、皆様のご協力をお願い申し上げげます。

保護者の皆様へ

運動会の案内

お世話になっております。今年度の運動会が近づいてまいりますので、詳細情報をお知らせいたします。お子様たちが力を合わせて楽しい一日を過ごせるよう、皆様のご協力をお願い申し上げます。

実施日: 2023年10月27日（土曜日）
予備日: 2023年11月1日（水曜日）

午前中から午後にかけて様々な競技とイベントが行われます。お子様たちはクラスごとにチームを組み、元気いっぱいに競技に参加します。運動会の様子をお楽しみください。

お弁当: 午前中実施のためお弁当は不要です。お子様には水筒をお持ちいただければと思い

誤字脱字を修正したポイントをテーブル形式で出力してください

以下は、修正した誤字脱字をテーブル形式で示したものです：

修正前の誤字脱字	修正後
お世話になっております。今年度の運動会が近づいてまいりますので	お世話になっております。今年度の運動会が近づいてまいりますので
学校内に駐車スーペスをご用意しておりますが	学校内に駐車スペースをご用意しておりますが

修正箇所を抽出

ChatGPTに誤字脱字を修正したポイントを整理してもらうこともできる。

POINT

- 作った文書のテキストデータを貼り付ける
- 誤字脱字のチェックをして修正するよう指示する
- 修正したポイントを整理してもらうことも可能

アイデア出しをしてもらう

「大縄大会のネーミングを30個考えてください」

▶ アイデア出しをさせよ

　運動会シーズン、競技のネーミングを考えたりする仕事がある。別に何でもいいと言えばいいが、どうせならセンスあるものを考えたいのが指導者の心理かもしれない。でも、残業続きのクタクタの脳みそからはなかなか良いアイデアが浮かばない。こういうちょっとクリエイティブな仕事もChatGPTに振ってみよう。大丈夫、ChatGPTは午後8時でも我々と違いピンピンしている。

やってみよう！

やり方はいたってシンプルだ。
「〇〇についてのネーミングを〇〇個考えてください」
たったこれだけだ。
　ChatGPTは ものすごい速さで、競技名のアイデアを30個提示してくれた。生成された運動会の大縄のネーミングの案は右のとおりだ。
　また、図工で身近な現象をテーマに妖怪のお面を作る授業をした。その際、二度寝の妖怪の名前のアイデアを出してもらったら、いかにもな名前がたくさんでてきた。
　このアイデア出しでの活用のポイントは「30個考えてください」等、多めの数を指定することだ。そうすることで「数打ちゃ当たる」という作戦が取れる。大丈夫、多少無茶ぶりをしても、ChatGPTさんは文句を言わずせっせと考えてくれるのだ。

ネーミングのアイデアが早く大量に出てくる

こうできる！

> 小学校の大縄大会のネーミングを30個考えてください

> もちろんです！以下は、小学校の大綱大会のための30個のネーミングのアイデアです：
>
> 1. タッグ・オブ・ウォー・フェスティバル
> 2. チーム・ロープ・バトル
> 3. 綱引きマスターズ・チャレンジ
> 4. ロープ・リリーグ・クラッシュ
> 5. キッズ・タッグ・ウォー・ショウダウン
> 6. シャープ・プル・ショーダウン
> 7. タッグ・オブ・ストレングス
> 8. ピュア・プル・コンペティション

> 二度寝をテーマとした妖怪のネーミングを漢字で10個考えてください。

> 二度寝をテーマとした妖怪のネーミングを漢字で10個考えてみました。これらのネーミングは、ファンタジーの世界にぴったり合うものです。
>
> 1. 眠巡（ミエンジュン）
> 2. 夢魔（ムウマ）
> 3. 睡忘怪（スイボウカイ）
> 4. 眠浮妖（ミエンフヨウ）
> 5. 夢幻鬼（ムゲンキ）
> 6. 眠り魍魎（ネムリモウリョウ）

どんどんネーミングも発想

「妖怪の名前を漢字で考えて」と指示をしたら、いかにも妖怪っぽい名前をたくさん提示してくれた。

POINT

- 設定を明らかにしてネーミングを指示する
- 多めの個数を指示するとよい
- 横文字ばかりになることを回避するために「漢字で考えて」と指示をする

複数の条件を同時に満たす案を出す

「席替えを
実施してください」

▶ こちらを立てて、あちらも立てよ

　学級担任をしていると、定期的にしなければいけない仕事の一つに席替えが挙げられる。これは子どもたちにとって一大イベントだ。また、円滑な学級経営のために、教師の視点から見ても大事な仕事だと言える。しかし、人数が多くなればなるほど調整が難しい仕事でもある。こちらを立てればあちらが立たずといったことが起こるからだ。しかし、ChatGPTはこちらも立てて、あちらも立てるといった仕事が大得意だ。

やってみよう！

　座席表を作るプロンプトを考えてみよう。自分の教室を俯瞰し、座席の配置をまず考える。例えば、横6列 縦5列の30人学級としよう。
　「あなたは小学校の教員です。子どもたちの座席表を作ります」と、目的を伝え、条件を提示する。
- 児童数は30名
- 座席配置は横6 ×縦5
- 名簿番号1から30をランダムに割り振る
　最後に出力形式をテーブル形式に指定する。これでオッケーだ。
　なお、席替えの際には「全ての数字が違う場所に移動するよう席替えを実施してください」と指示するだけで 新しい配置を提案してくれる。なお、例えば「20番の児童は視力が低いため、1列目に配置して」といった指示をすることももちろんできる。

こうできる！ 座席表の生成と席替えが瞬時に

 あなたは小学校の教員です。子どもたちの座席表を作ります。

- ・児童数は30名
- ・座席配置は横6×縦5
- ・名簿番号1から30を ランダムに割り振る

横6縦5の テーブル形式で表示してください。

もちろん、座席表を作成します。以下に、横6×縦5のテーブル形式の座席表を示します。名簿番号は1から30までランダムに割り振りました。

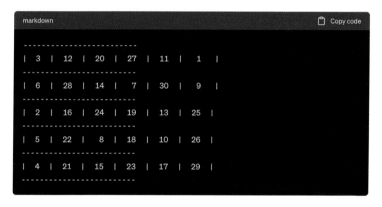

```markdown
  ------------------------------------
  | 3  | 12 | 20 | 27 | 11 | 1  |
  ------------------------------------
  | 6  | 28 | 14 | 7  | 30 | 9  |
  ------------------------------------
  | 2  | 16 | 24 | 19 | 13 | 25 |
  ------------------------------------
  | 5  | 22 | 8  | 18 | 10 | 26 |
  ------------------------------------
  | 4  | 21 | 15 | 23 | 17 | 29 |
  ------------------------------------
```

この座席表では、児童30名がランダムに座ることができます。希望する座席配置がある場合や、他に何か質問があればお知らせください。

POINT

- ● 席替えをするという目的を設定する
- ● 児童数や座席の配置等の条件を伝える
- ● テーブル形式で出力するよう指示する

成績データの処理をする

「Excelの関数を
作ってください」

▶ Excelの仕事をさせよ

　もはやどの学校にも1人はいるであろう。伝説のExcelマスター。ちょっとわからないことがあれば、その先生に聞けば、何でも解決。しかし、その先生の立場は危うい。なぜなら、これまでスキルが必要であったExcelの関数を作る仕事は、よく理解していなくても、ChatGPTにお願いすれば簡単にやってくれるようになったからだ。ここでは、よくある例として、テストの点数によってABC評価がなされるExcelの表を作ってみたいと思う。

やってみよう！

　点数によって評価が変化するような関数は、いわゆる「if関数」と呼ばれるものだ。基礎的な関数であるものの、これを何も見ずにぱっと作れる教員は、日本でもごく一部だと思われる。しかし、どんな動きをExcelにさせたいかのイメージさえついていれば、これは誰にでもできる仕事になった。

　プロンプトの例は以下のとおりだ。

　「あなたは小学校教師です。テストの点数によりABC評価が出るようにするExcelを作ります。

　・1列目に名簿番号、2列目に児童氏名、3列目に点数、4列目に評価

　・C列の点数が95点以上ならA、80点から94点ならB、80点以下ならCと、評価の列に出るようにする

　上記のExcel関数を作ってください」

　これによって生成された関数をコピーし、Excelの評価の1列目にペーストするだけでオッケー。

こうできる！ 成績をつける基礎資料になる Excelの表もすぐ作ってくれる

〈 2/2 〉 あなたは小学校教師です。テストの点数によりABC評価が出るようにするExcelを作ります。

・1列目に名簿番号、2列目に児童氏名、3列目に点数、4列目に 評価
・C列の点数が95点以上ならA、80点から94点ならB、80点以下ならCと、評価の列に出るようにする

上記のExcel関数を作ってください。

Excelであなたの要件に合った関数を作成するために、以下のステップを実行できます。

1. Excelを開いて、テストのデータを含むワークシートを用意します。1列目に名簿番号、2列目に児童氏名、3列目に点数、4列目に評価を配置します。
2. 4列目（評価の列）のセルに、以下の関数を入力します。

```excel
=IF(C2 >= 95, "A", IF(C2 >= 80, "B", "C"))
```

この関数は、C列の点数に基づいて評価を計算します。95点以上の場合はA、80点以上94点以下の場合はB、80点未満の場合はCを表示します。

できた関数を貼るだけ

上でできた関数を、Excelの評価の列にペーストするだけで、数値を入力すれば評価が出るように！

D2		fx	=IF(C2 >= 95, "A", IF(C2 >= 80, "B", "C"))	
	A	B	C	D
1	名簿番号	児童氏名	点数	評価
2	1	あべ はると	90	B
3	2	いしはら なおみ	95	A
4	3	いとう うめこ	90	B
5	4	いわさき やすひろ	80	B
6	5	おおた みさき	75	C
7	6	おおの わかえり	90	B
8	7	かえで なかむら	100	A
9	8	こばやし きくお	99	A
10	9	さかい おさむ	70	C
11	10	さとう いっちゃん	85	B
12	11	さとう ふみか	90	B

※児童氏名は、ChatGPTで生成したダミーデータです。

POINT

- どんな Excel の表を作りたいかを伝える
- どのような動きをさせたいかを具体的に指示する
- できた関数を Excel にペーストする

学習課題のためのリンク先をまとめる

「各自動車メーカーの リンク集を作ってください」

▶ リンク集を作成せよ

　GIGAスクール構想により、1人1台のタブレットを使う学習が日常的になった。例えば、5年生の社会科では、自動車産業に関する学習をする。子どもたち一人一人が自分が好きな自動車メーカーのホームページを訪れて調べてみるような活動もやってみたことがある。しかし、子どもたちはそんなに自動車メーカーを知っているわけではない。だから、授業の前にリンク集を作るようなことをしていた。これ、結構めんどくさい。海外メーカーも含めるとかなりの数になる。しかし、ChatGPTならほんの少しの指示でリンク集を作ることもできる。

やってみよう！

　今回のプロンプトは非常に短い、たったのこれだけだ。
　「あなたは小学校教員です。5年生社会科で自動車の授業をします。国内、国外の自動車メーカーのリンク集を作って下さい」
　トヨタ、ホンダ、日産などの国内メーカー、フォード、フォルクスワーゲンなどの国外メーカーのリンク集が一瞬で作られた。このテキストをコピーして、MicrosoftのTeamsや、Google Classroomで子どもたちにシェアしたら一発オーケーだ。
　このプロンプトの汎用性は非常に高い。しかし、適切なホームページをしっかりと集めてくるように指示をする必要がある。その時のポイントとして、「公式ホームページ」と限定することが挙げられる。これで精度がかなり上がる。

こうできる！ 自動車メーカーのリンク集を瞬時に作成

 あなたは小学校教員です。5年生社会科で自動車の授業をします。

国内、国外の自動車メーカーのリンク集を作って下さい。

もちろん、5年生の社会科の授業で使用できる国内と国外の自動車メーカーのリンク集を作成します。以下にいくつかのリンクを示します。ただし、リンク先の情報は変わる可能性があるため、最新の情報を提供するように注意してください。

国内の自動車メーカー:

1. トヨタ自動車株式会社
   - ウェブサイト: <u>トヨタ自動車</u>
2. 本田技研工業株式会社（ホンダ）
   - ウェブサイト: <u>ホンダ</u>
3. 日産自動車株式会社
   - ウェブサイト: <u>日産自動車</u>
4. スバル株式会社
   - ウェブサイト: <u>スバル</u>
5. 三菱自動車工業株式会社
   - ウェブサイト: <u>三菱自動車</u>

国外の自動車メーカー:

1. フォード・モーター・カンパニー（アメリカ）
   - ウェブサイト: **Ford**
2. ゼネラル・モーターズ（アメリカ）
   - ウェブサイト: **General Motors**
3. フィアット・クライスラー・オートモービルズ（アメリカ）
   - ウェブサイト: **Stellantis (Formerly FCA)**
4. フォルクスワーゲングループ（ドイツ）

↻ 再生成

── 国内、国外の自動車メーカーのリンク集が一発で完成

POINT

- 活用の目的を伝えてリンク集作成を指示する
- 「公式ホームページ」と限定することで、精度アップ
- リンク集のテキストを子どもたちにシェア

子どもが興味を持つ算数プリントを作る

「ポケモンを題材に1年生向けの算数の文章問題を作ってください」

▶ ピカチュウを登場させよ

　小学校1年生向けの文章問題のプリントを作ってみよう。でも、なかなか集中できない子どもがいる。そんな時、子どもたちの興味を引くことができるような面白い文章問題を作れるといいんじゃないか。そんなことを思い、アニメキャラクターを題材とした問題を作るチャレンジをしてみた。

やってみよう！

　ポケモンの算数プリントを作ってみよう。プロンプトは以下のとおりだ。

　「あなたは小学校教員です。1年生向けの算数の足し算と引き算が混じった文章問題をつくります。

・題材はポケットモンスター

・全ての文字を必ず「ひらがな」にする

・単語の間は半角開ける

・5問

リスト形式で出力してください」

　1年生向けの文章を作るにあたり、最大のボトルネックになるのが「ひらがな」だ。作ったことがある方ならわかるだろうが、全てひらがなの文章を書くのは非常に大変だ。しかし、ChatGPTならしっかりと指示さえすれば全てひらがなで書いてくれる。ただ、この辺の精度は結構低いため、ひらがなを「」（カギカッコ）で強調するといった工夫が必要だと感じる。

ポケモンの文章問題を瞬時に

 あなたは小学校教員です。1年生向けの算数の足し算と引き算が混じった文章問題をつくります。
　・題材は ポケットモンスター
　・全ての文字を必ず「ひらがな」にする
　・単語の間は半角開ける
　・5問

リスト形式で出力してください

> カッコでくくることで精度が上がる

 もちろん、以下は小学校1年生向けのポケットモンスターを題材にした算数の文章問題のリストです。すべての文字をひらがなで表記し、単語の間には半角スペースを入れています。

1. さし算の問題:
   ピカチュウが 3びき と ニャースが 2ひき いるよ。 ぜんぶで いくつ？
2. ひき算の問題:
   イーブイが 5ひき いて、2ひき けしきんの ポケモンが でていったよ。 いま いくつの ポケモンが いるかな？
3. さし算の問題:
   ブラッキーが 4ひき、ウィンディが 6ひき いたら、 ぜんぶで なんびき だろう？
4. ひき算の問題:
   サンダースが 7ひき いて、ピチューが 3ひき でていったよ。 いま いくつの ポケモンが いる かな？
5. さし算とひき算の問題:
   ゼニガメが 8ひき いて、フシギダネが 5ひき でていった。 それから 3びき プリンが あらわれたよ。 いま いくつの ポケモンが いるかな？

POINT

● 小学校1年生向けの算数プリントを作るという目的を伝える
● 子どもたちが好きそうな題材を設定する
● 全て「ひらがな」で、という条件を設定する

クリエイティブな授業アイデアを作る

「黄金比率をテーマとした授業のアイデアを考えてください」

▶ 創造的な授業のアイデアを考えさせよ

アイデア出しの壁打ち相手としてもChatGPTは活躍してくれる。参観授業なんかでは、よりクリエイティブに活動するものにしたい。でも、アイデアが浮かばない。そんな時こそChatGPTの出番だ。自分にはない視点を与えてくれるので大いに我々を助けてくれる。

やってみよう！

6年生算数『比とその利用』で黄金比率を扱う授業をしようと思う。ChatGPTに聞いてみた。

「あなたは小学校6年生の教員です。算数の『比とその利用』の授業をします。黄金比率をテーマとしたクリエイティブな授業のアイデアを考えてください」

するとさまざまなアイデアを提示してくれた。ここから良さげなものを選び、さらに具体的にしてもらおう。

特に教科横断的な授業のアイデアのたたき台を作るときに重宝している。

単一の教科での授業のアイデアは、これまでの先達がたくさんこの世界に残してくれている。しかし、カリキュラムマネジメントが叫ばれはじめたのは最近の話で、教科横断的な授業のアイデアはそう多くはない。ChatGPTはあっと驚くような面白いアイデアを出してくれることがある。

さまざまな授業アイデア出しと、アイデアの練り上げも可能

あなたは小学校6年生の教員です。

算数の『比とその利用』の授業をします。

黄金比率をテーマとしたクリエイティブな授業のアイデアを考えてください

小学校6年生向けの黄
介します。

1. 黄金長方形の作成:
   ・生徒たちに正方形
   ・その正方形を黄金
   ・黄金比率（約1.618
   を黄金長方形に変

2. アートと黄金比率:
   ・生徒たちに黄金比
   ・生徒たちに黄金比
   ・紙やキャンバスに

3. 黄金比率とフィボナ
   ・フィボナッチ数列
   ・生徒たちにフィボ
   します。
   ・生徒たちは、この

4. 歴史と黄金比率:
   ・黄金比率が歴史的
   ・生徒たちは、古代
   ーションを作成し
   ・その後、クラスで

5. 資源共有と黄金比率
   ・黄金比率が自然界
   ・生徒たちは、花、

> 段階的にブラッシュアップしていく

4のアイデアをより詳しい内容にしてください。

もちろん、黄金比率の歴史的な重要性に焦点を当てたより詳細なアイデアを提供します。

アイデア: 歴史的な建築物と黄金比率

1. **調査とプレゼンテーション**: 生徒たちは、黄金比率が歴史的な建築物やアートにどのように影響を与えたかを調査します。それぞれの生徒が異なる建築物やアーティストを選び、その作品に黄金比率が
   を作成します。

2. **リサーチと視察**: 学校
   ます。黄金比率が使
   インリソースを活用

3. **ディスカッションと**
   黄金比率の使用に関
   を活用しているかを

4. **プロジェクトの締め**
   ーションや展示会を
   真、そして黄金比率

このアイデアを通じ
与えたかを探求し、
を発展させることが
から学ぶ楽しさを体

1時間で完結させてください。

具体的な建築物やアート作品を題材として、最後に黄金比に気づく設計でアイデアを深めてください。

1時間で完結するアクティビティとして、特定の建築物で黄金比率を探求する方法を提案します。このアクティビティでは、**パルテノン神殿**（ギリシャ、アテネ）を題材に取り上げます。

アイデア: パルテノン神殿の黄金比率

1. **紹介と背景**: 生徒たちにパルテノン神殿の写真やスケッチを見せ、ギリシャの歴史的な建築物であることを紹介します。パルテノン神殿が黄金比率にどのように関連しているかについて簡単に説明します。

2. **パルテノン神殿の寸法**: パルテノン神殿の主要な寸法を提供します。たとえば、建物の長さ、高さ、列柱の間隔などを挙げます。

3. **計算と実践**: 生徒たちに与えられた寸法を用いて、パルテノン神殿のさまざまな部分で黄金比率を計算する課題を出します。たとえば、建物の幅と高さの比率、柱の高さと間隔の比率などを計算します。

より詳しいアイデアを出してもらえた。けれどちょっと壮大すぎた。1時間で完結する内容で、具体的な建築物やアート作品を題材にするようお願いするとパルテノン神殿を教材に提示してくれた。こうやって何度も壁打ちをすることでアイデアをブラッシュアップしていこう。

POINT

- 授業の教科、単元、学年を指定する
- まずは大雑把にアイデア出し
- 次に細かく指示をして具体化していく

体育のトレーニング案を考える

「サーキットトレーニングの
アイデアを考えてください」

▶ 体育主任の仕事をさせよ

　勤務校では体育主任を務めていて、学校全体でサーキットトレーニングを実施することになった。しかし、実はあまりそれをやったことがなくイメージがなかなか浮かばなかった。そこでChatGPTに聞いてみた。すると自分にはなかった視点でたくさんのアイデアを与えてくれた。

やってみよう！

「小学生向けの体育館でのサーキットトレーニングを考えて」

　ただこれだけの指示をした。すると、さまざまなアイデアが提示された。その中で目を引いたのが「ハンドボールシュート」というものだ。「ハンドボールのシュート練習を行います。子どもたちは指定された位置からボールを投げ、ゴールに入れることを目指します」とあった。なるほど、サーキットトレーニングの中に「投げる」という要素を組み入れるのも面白いと思い、実際にそれを導入することにした。

　ChatGPTは、基本的には中央値的な解を出すことがほとんどだが、このように外れ値的な解を出してくれることもある。クリエイティブな仕事をする際、これはポジティブに働くと感じる。

　先入観がない分、経験値が高い人が思いつかないような意外性のあるアイデアを出すことがChatGPTにはできるということだ。どうしても人間は経験が蓄積されると、それに縛られるところがある。ChatGPTはそういうところがなく、いつもフレッシュな思考で仕事に取りかかるところが一つのセールスポイントだと言えるだろう。

こう できる！ サーキットトレーニングの アイデア出し

実際に使える
道具を提示

 小学生向けの体育館でのサーキットトレーニングを考えて

 平均台とマットを使ったアイデアも考えてください。

小学生向けの体育館でのサーキットトレーニング
は子供たちが楽しみながら運動能力を向上

1. ステーション1：ジャンプロープ
   ・子供たちにジャンプロープを使って跳
   ・時間制限を設けて、できるだけ多くの
2. ステーション2：障害物クロス
   ・マットやコーンを使って、障害物を設
   ・子供たちは障害物をジャンプしたりく
   す。
3. ステーション3：ハンドボールシュート
   ・ハンドボールのシュート練習を行いま
   ・子供たちは指定された位置からボール
4. ステーション4：腹筋クランチ
   ・マットを使って腹筋クランチを行いま
   ・子供たちは仰向けに寝て、膝を曲げな
5. ステーション5：バランスビーム
   ・バランスビームを使ってバランス感覚
   ・子供たちはビームの上を歩いたり、片
6. ステーション6：スクワットジャンプ
   ・子供たちはスクワットの姿勢からジャ
   ・地面に手をついてスクワットをし、そ
7. ステーション7：綱引き
   ・ロープやバンドを使って綱引きを行い
   ・子供たちは二つのグループに分かれて

これらのアイデアを組み合わせて、体育館
順番に回って各ステーションで運動するよ

もちろん、平均台とマットを使った楽しい体操や運動のアイデアを考えましょう。これら
の道具を使った運動は、子供たちのバランス感覚、柔軟性、体力を向上させるのに役立ち
ます。

1. **バランスビームの上を歩く:**
   ・平均台の上に子供たちを立たせ、短い距離を歩かせます。初めは両手を広げてバランス
   をとりながら歩かせ、次第に手を横に下げて挑戦度を上げることができます。
2. **前転と後転:**
   ・平均台の横にマットを置き、子供たちに前転や後転を練習させます。平均台の上で前転
   を行い、マットに着地します。後転も同様に練習します。
3. **逆立ちとヘッドスタンド:**
   ・平均台の上で逆立ちやヘッドスタンドを練習させることで、子供たちのバランス感覚と
   コアの強化を促進します。
4. **跳び箱との組み合わせ:**
   ・平均台を跳ぶ箱と組み合わせて使い、子供たちにジャンプや宙返りの練習をさせます。
   跳び箱から平均台にジャンプし、マットに着地するトリックなどを取り入れましょう。
5. **数字追いかけゲーム:**
   ・平均台の上に数字や形を配置し、子供たちに指示通りにジャンプしてその数字や形を追
   いかけるゲームを行います。
6. **バランスチャレンジ:**
   ・平均台の上に様々な小道具（コーン、ボール、カップなど）を配置し、子供たちにバラ
   ンスをとりながらそれらのアイテムを拾ってコースをクリアするチャレンジを提供しま
   す。
7. **ダンスと平均台:**
   ・音楽に合わせて平均台の上で踊るダンスクラスを開催し、子供たちのリズム感やバラン
   スを養います。

これらのアクティビティは、平均台とマットを使用して子供たちの体力やバランス感覚を向
上させるのに役立つものです。運動の難易度は子供たちの年齢と能力に合わせて調整し、
楽しさと挑戦を組み合わせることが大切です。

↻ 再生

実際に使える道具をもとにアイデアを出してもらった。平均台とマットを使ったアイデア
から、さらにサーキットとレーニングの設計をすることができた。

POINT

● 自分にはない視点でのアイデア出しに有効
● 実際に使えるものをもとに内容を考えてもらうのもOK

単元の内容に応じた評価基準を作る

「評価基準を作ってください」

▶ 3観点の評価基準を作らせよ

　近年、カリキュラムマネジメントの重要性がうたわれている。その中での重要な要素が「教科横断的なカリキュラム」だ。それぞれの教科で独立した知識・技能で終わらせるのではなく、それらを生かすようなデザインにしていくことが求められている。ここでの教科横断的なカリキュラムの前例はまだ多くはない。そのアイデアを考えてもらうとともに、評価基準のたたき台も作ってもらおう。

やってみよう！

　「あなたは小学校6年生の担任です。算数科『拡大と縮小』と図工科を掛け合わせたクリエイティブな授業のアイデアを考えてください」

　と指示を出す。すると良いアイデアが出てきた。算数で学んだ知識や技能を使って、図工で思考・判断・表現を発揮させる感じだ。

　指導のイメージは湧いてきた。OK。ただ、指導と評価の一体化という視点で考えると、評価のイメージも持ちたい。そこで評価基準も作ってもらった。

　「評価基準を作ってください。

・観点は以下の3つ

①知識・技能　②思考・判断・表現　③主体的に学習に取り組む態度

・AとBの二段階評価

ルーブリックで出力」

　これで3観点のルーブリックが生成された。あくまでもたたき台だが、ここまで大枠を示してくれれば十分だろう。

評価基準をルーブリックで出力

 あなたは小学校6年生の担任です。

算数科「拡大と縮小」と図工科を掛け合わせたクリエイティブ授業のアイデアを考えてください。

 もちろん、小学校6年　　　　　　　を考えますね。この　　　　用することで、生徒が

授業タイトル:「私の

目標:

- 拡大と縮小の数学的
- 数学的スキルを視覚
- 創造性とアートの楽

授業の手順:

1. **導入 (10分):** 生徒たち　　ら、アートプロジェクト
2. **アートプロジェクト**　　して、それを拡大と　　のお気に入りの動物
3. **比率と計算 (15分):** 生　　す。これには数学的　　1より小さくなります
4. **アート制作 (30分以**

評価基準を作ってください。

・観点は以下の３つ
①知識・技能
②思考・判断・表現
③主体的に学習に取り組む態度

・AとBの二段階評価

ルーブリックで出力

以下は、授業の評価基準を示すルーブリックの例です。このルーブリックに基づいて、生徒の評価を行うことができます。評価基準には、知識・技能、思考・判断・表現、主体的に学習に取り組む態度の3つの観点が含まれており、AとBの2つの評価段階があります。

授業評価ルーブリック

観点	A評価（優秀）	B評価（良好）
知識・技能	生徒は拡大と縮小の数学的概念を明確に理解し、比率計算を正確に行い、アート作品を正確に拡大と縮小した。	生徒は拡大と縮小の数学的概念を理解し、比率計算をほぼ正確に行い、アート作品を適切に拡大と縮小した。
思考・判断・表現	生徒はアート作品に独自性を持たせ、創造的な発想を活かして、美しく表現した。アート作品に対する思考や説明が深	生徒はアート作品に独自性を持たせ、創造的な発想を活かして、美しく表現した。アート作品に対する思考や説明が適

ルーブリックもお手のもの

新たに学んだ「拡大と縮小」、前学年までの作図の知識・技能等をフル活用する内容。算数とアートって相性がよい。ルーブリックもしっかり作ってくれた。

POINT

- 3観点を指示して評価基準のたたき台を作成
- 「ルーブリック形式で出力」というプロンプトも有効

授業の活動アイデアと材料をイメージ出しする

「おもちゃのアイデアと材料を提案してください」

▶ アイデアを50個提案させよ

　生活科って、難しい。僕も一度だけ2年生の担任をしたが、実に難しい。正解のない、道なき道を行く感じ。「おもちゃランド」では身の回りにあるものを使っておもちゃを作り、1年生とそれで一緒に遊ぶような活動が定番だと思う。しかし、定番ゆえにアイデアが固定化され、子どもたちには正解を示してしまいがち。そこでChatGPTにおもちゃのアイデアとその材料を無数に提示してもらおう。

やってみよう！

　「あなたは小学校2年生の担任です。

　生活科でペットボトルなど身の回りにあるものを使っておもちゃを作る活動をします。

　おもちゃのアイデアと、材料となる身の回りにあるものをテーブル形式で50個提案してください」

　と指示を出す。

　今回のポイントは、「おもちゃ」と「その材料」という2つの情報を一気に提案させ、テーブル形式にまとめたことにある。

　こうすることで、おもちゃの名前だけだと「？？？」となりそうなものも、材料が示されたおかげで、どれもなんとなくイメージがつく。

　まあ「紙コップのティーカップ」だけは、「いや、それまんまですやん」となったが、他は及第点ではないだろうか。

50種類ものおもちゃのアイデアと材料をテーブル形式で出力

以下は、小学校2年生の生活科の活動で使えるおもちゃのアイデアと、それらを作るための身の回りにある材料の一覧です。子供たちが楽しみながら学べるクリエイティブな活動となることでしょう。

おもちゃのアイデア	材料
1. ペットボトルのロケット	ペットボトル、
2. 紙コップテレビ	紙コップ、色画用
3. カードボード迷路	ダンボール、紙、
4. ペットボトルの風船車	ペットボトル、
5. 紙皿フリスビー	紙皿、カラフルな
6. キャンディ包み紙の人形	キャンディ包み紙
7. ペーパーローラーコースター	紙、トイカー、
8. びんのキャッチャーゲーム	空のびん、テニ
9. 棒人間	木の棒、布、ボ
10. ペットボトルのバイオリン	ペットボトル、
11. カードボードのロボット	ダンボール、色
12. ペットボトルのボート	ペットボトル、
13. 紙コップの動物マスク	紙コップ、色画用
14. ペットボトルの楽器セット	ペットボトル、
15. 紙の人形劇セット	紙、カラフルな
16. キャンディ包み紙の飛行機	キャンディ包み紙
17. ペットボトルのサーキット	ペットボトル、
18. ダンボールのお城	ダンボール、色画
19. 紙コップの風車	紙コップ、スト
20. ペットボトルのペンギン	ペットボトル、
21. ペーパープレートのマスク	紙プレート、カ
22. ペットボトルのバンジョー	ペットボトル、
23. ペーパータオルの人形	ペーパータオル、
24. 紙コップのケーブルカー	紙コップ、スト
25. ペットボトルのティコ・タコ	ペットボトル、

おもちゃのアイデア	材料
26. キャンディ包み紙のロボット	キャンディ包み紙、ボタン、糸、色画用紙
27. ペーパーロケット	紙、ストロー、ゴムバンド
28. ペットボトルのハーモニカ	ペットボトル、ストロー、紙
29. ペーパープレートの飛行機	紙プレート、ストロー、テープ
30. 紙コップのティーピー	紙コップ、紐、色画用紙
31. ダンボールのトンネル	ダンボール、カラフルなテープ
32. ペットボトルのメガホン	ペットボトル、紙、テープ
33. 紙コップの人形劇舞台	紙コップ、紙、色画用紙
34. ペーパータオルのぬいぐるみ	ペーパータオル、綿、ボタン
35. ペットボトルのモーターボート	ペットボトル、プラスチックスプーン、紙
36. 紙プレートの太陽時計	紙プレート、ストロー、カラフルなマーカー
37. ペットボトルのサッカーゴール	ペットボトル、ストロー、紙
38. 紙コップのティーセット	紙コップ、紙、シール
39. ダンボールのレースカー	ダンボール、プラスチックのボトルキャップ、ストロー
40. ペットボトルのハンドファン	ペットボトル、紙、ストロー
41. ペーパータオルのバッグ	ペーパータオル、シール、紐
42. 紙コップのバルーンカー	紙コップ、ストロー、風船
43. ペットボトルのテニスラケット	ペットボトル、ストロー、ボール
44. ペーパープレートのコンパス	紙プレート、針、紐
45. ダンボールのロケット	ダンボール、色画用紙、シール
46. ペットボトルのビリヤード	ペットボトル、テニスボール、ストロー
47. 紙コップのティーバッグ	紙コップ、紐、紙
48. ペットボトルの風力車	ペットボトル、プラスチックスプーン、紙
49. ペーパータオルのピンクション	ペーパータオル、ボタン、糸
50. 紙コップのランタン	紙コップ、ティーライトキャンドル、色画用紙

これらのアイデアを使って、子供たちが身の回りの材料を活用しておもちゃを作り、学びながら楽しむことができます。

↻ 再生成

アイデア出しはおまかせ

一気に50個ものアイデアと材料を提案してもらった。この一覧をアイデアの起点として、子どもたちが創造性を働かせて何か面白いおもちゃのアイデアを思いつくかもしれない。

POINT

- おもちゃと材料をセットで出力
- テーブル形式にすることで見やすくする
- 一覧をアイデアの起点に

子どもへの分担の割り振り案を作る

「全児童に47都道府県をランダムに割り振ってください」

▶ 役割をランダムに振り分けよ

　学校で子どもたちが何かを分担して活動することって多い。一人一つならともかく、一人が複数個を担当するような場合、割り振りが非常に煩雑になる。そういった煩雑な仕事はChatGPTに振っていこう。

やってみよう！

　よし、では47都道府県を全員に割り当てよう。

「あなたは小学校4年生の担任です。

社会科の授業で全都道府県をクラス全員で分担し地図を作るプロジェクトをします。以下の条件で児童の名前を名簿番号にし、配当された都道府県をテーブル形式でここに出力してください。

・47都道府県全てを作る

・13人が複数の都道府県を分担

・ランダムに配当

例：1の児童　東京都、沖縄県、岐阜県

　　2の児童　静岡県、大阪府、北海道」

　ここでのポイントは「例」を示したことにある。

　言葉では伝わりにくいことも、例を示すことでアウトプットの質が高くなって望んだ結果に近付いていく。これはありとあらゆるシーンで有効な方法だ。

こう
できる！

47都道府県をクラス全員に
割り振ってみた

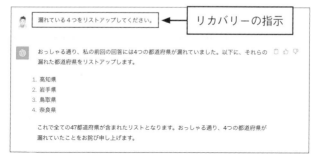

了解しました。以下に、ランダムに配当された都道府県を児童の名前（名簿番号）に対応
してテーブル形式で出力します。なお、都道府県の分担はランダムに行われています。

名簿番号	配当された都道府県
1	東京都、愛知県、鳥取県
2	静岡県、北海道、佐賀県
3	大阪府、山梨県、山口県
4	福岡県、兵庫県、茨城県
5	熊本県、新潟県、福井県
6	京都府、岡山県、秋田県
7	広島県、石川県、島根県
8	長崎県、滋賀県、富山県
9	鹿児島県、福島県、青森県
10	宮城県、岩手県、三重県
11	長野県、奈良県、宮崎県
12	北海道、岐阜県、群馬県
13	香川県、愛媛県、秋田県

このように、クラス全員にランダムに都道府県が配分されました。プロジェクトの成功を祈
っています！

漏れている4つをリストアップしてください。　◀━━━　リカバリーの指示

おっしゃる通り、私の前回の回答には4つの都道府県が漏れていました。以下に、それらの
漏れた都道府県をリストアップします。

1. 高知県
2. 岩手県
3. 鳥取県
4. 奈良県

これで全ての47都道府県が含まれたリストとなります。おっしゃる通り、4つの都道府県が
漏れていたことをお詫び申し上げます。

OK！　いい感じに割り振ってくれた。しかし、均等に割り振ろうとして4つの抜けがあっ
た。ChatGPTはこういう抜けはよくある。こういうときは「漏れている4つをリストアッ
プして」といったリカバリーの指示をしてあげると吉だ。

POINT

- ● 例を示すことで仕事の質がアップ
- ● 漏れ等がある場合は再チェックする指示を出す

行事の子どもの台本を作る

「よびかけの台本を作って ください」

▶ 台本を書かせよ

　コロナの影響で縮小されたりカットされたりしていた行事。これがここ最近コロナ前のように復活しつつある。体育館での発表といった機会も多くなるだろう。3年くらいの空白があったこともあり、ほぼゼロベースで考えないといけないシーンもある。そんな時、たたき台があるととても楽になる。ここでは、行事での呼びかけの台本のたたき台をChatGPTに作ってもらおう。

やってみよう！

　よびかけの台本となると、ある程度詳しくプロンプトを入力する必要がある。状況や主体や対象を詳細に打ち込んでみた。

　「あなたは小学校1年生の担任です。

地域の年長児を迎えての発表会へ向けて『よびかけ』の台本を作ります。

テーマ：4月から1年生になる皆さんへ

よびかけをする集団：16人の1年生児童

対象の集団：4月から入学する年長児

・GPT小学校という固有名詞を入れる

20人全員がセリフがあるように、『よびかけ』を考えてください」

　このように丁寧にプロンプトを入力することで、期待している内容のたたき台が生成された。例のとおり、8割をAIに任せ、残りの2割をこちらで手作業で調整するイメージだ。

いい雰囲気の台本のたたき台がすぐに生成される！

よびかけ台本（1年生から年長児へ向け）

（舞台：GPT小学校の講堂）

1年生児童（全員）：こんにちは！

1年生1：みんな、元気ですか？

1年生2：ぼくたち、1年生になりました！

1年生3：そして、新しい友達もできました！

1年生4：みんなで楽しい学校生活を送りましょう！

1年生5：いろんなことを学んで、成長していきます！

1年生6：4月から、みんなが1年生になる日が来るよ！

1年生7：GPT小学校に来て、素敵な仲間と出会おう！

1年生8：先生たちも、いっぱいサポートしてくれるよ！

1年生9：みんな、笑顔で学校へ来てね！

1年生10：新しい友達との出会いが待っています！

1年生11：遊びも勉強も、一緒に楽しみましょう！

1年生12：GPT小学校は、夢がたくさん詰まっているよ！

1年生13：みんな、一緒に成長しようね！

1年生14：4月が待ち遠しいな！

1年生15：さあ、一緒に楽しい学校生活を始めよう！

1年生16：みんな、お友達になってね！

16名全員にセリフが割り振られた。学校行事のあるあるを羅列したような内容にはなるが、たたき台としては十分なものだろう。ここまでできれば、後は全員で言うセリフを追加する等、手動で修正すればOKだ。

POINT

- 状況や主体や対象を具体的に示す
- 何人分のセリフがほしいかも指示
- 最終的な微調整は手動のほうが早い

子どもの記録データからグルーピングを行う

「運動会の100m走の走順表を作成してください」

▶ 走順表を作成せよ

　運動会シーズンあるあるの仕事が徒競走の走順作成だ。多くの場合、タイムが近い子ども同士でレースが組まれる。これまではExcelを使って、タイム順で並べて、さらにコピペして走順表を作ったりしていた。しかし初任校では124名のタイム順を並び替えて「うぬぬぬぬ」となっていた。そう、こういった作業を手動でやるとミスが出やすいのだ。

　さあChatGPTにこの仕事も振ってみよう。

やってみよう！

　まずは50m走のタイムと、子どもに対応した番号を一気にコピペしてチャット欄に貼り付ける。多少雑に貼り付けても、空気を読んで理解してくれるところがChatGPTのすごいところだ。

　さてプロンプトを打ち込んでいこう。

　「あなたは小学校5年生の担任です。

運動会へ向け、100m走の走順表を作ります。

まず、以下のタイム表をもとに、「昇順」で正確に並び替えて5人ずつでグルーピングしてください。グループ名は○レースとします」

　これだけでタイムごとにグルーピングをしてくれた。あとは全レースをコースごとにテーブル形式で出力させたら完了だ。

こうできる！ 100m走の走順表を一括で出力！

 あなたは小学校5年生の担任です。

運動会へ向け、100m走の走順表を作ります。

まず、以下のタイム表をもとに、「昇順」で正確に並び替えて5人ずつでグルーピングしてください。グループ名は○レースとします。

```
|名簿番号|50m走のタイム|
|---------|--------------|
| 1  |  8.2   |
| 2  |  9.5   |
| 3  |  8.9   |
| 4  | 10.1   |
| 5  | 11.3   |
| 6  | 10.5   |
| 7  |  8.1   |
| 8  | 11.8   |
```

 100m走の走順表を作成し、5人ずつのグルーピングを行いました。以下がそれになります。

1レース

1. 名簿番号 12, タイム 7.9
2. 名簿番号 51, タイム 7.9
3. 名簿番号 92, タイム 7.9
4. 名簿番号 43, タイム 8.0
5. 名簿番号 88, タイム 8.0

2レース

1. 名簿番号 7, タイム 8.1
2. 名簿番号 65, タイム 8.1
3. 名簿番号 24, タイム 8.2
4. 名簿番号 47, タイム 8.2
5. 名簿番号 96, タイム 8.2

3レース

1. 名簿番号 62, タイム 8.3
2. 名簿番号 28, タイム 8.3

実は、このプロンプト、現状ChatGPT-3.5では最初ミスが多発した。並べ替える作業が実は得意ではないよう。そのためExcelでまずはタイムが早い順に並び替えてから貼り付けて作業させたほうが早いかもしれない。

POINT

- まずは仕事をしてほしいデータをコピペで貼り付け
- タイム順に並び替えてグルーピング
- 全レースを一括のテーブル形式で出力

ChatGPTを運用するPC環境

　ChatGPTを活用する際のベストなパソコン環境について考えたい。ChatGPTはこちらが指示をした後、一定の考える時間、そして出力する時間が発生する。この時間、ChatGPTが動いている様子をボーッと眺めていては効率が上がらない。そこでおすすめの方法がサブモニターを使うことだ。僕は自宅の書斎でも、職場のデスクでもサブモニターを利用している。そしてサブモニター側にChatGPT、メインPC側にはWordやCanva等を動かしているというパターンが多い。要するに、サブモニターに自分の助手が常にいるイメージだ。

　パソコンとサブモニターをHDMI等で接続し、「画面の拡張」の設定をするだけだ。

　Wordで会議の提案文章を作るとする。メインPCでそのWordデータを立ち上げつつ、サブモニターのChatGPTに起案のためのたたき台を生成させる。生成している間にメインPC側で仕事を進める。そしてChatGPTが生成したテキストをチェックし、サブモニター側にカーソルを移動させてコピーして、メインPC側のWordにペーストする、そんな具合だ。最近は安くて質の良いモニターも多い。使っていない方はぜひサブモニター ChatGPTさん常駐スタイルを取り入れてみてはいかがだろう。すこぶる仕事が捗るようになる。

CHAPTER

4

\ もっと使い倒そう! /

Chat GPTの
学校での活用法
応用編（有料版）

有料版ChatGPT-4ができること

有料版ChatGPT-4でどう変わる？「あなたは坂本龍馬です」

▶ 坂本龍馬になりきるぜよ

繰り返しになるが、ChatGPTは課金することでその能力を解放させることができる。2024年1月14日現在、利用料は月額20ドルで約2900円となる。では、有料版であるChatGPT-4になると具体的にどう変わるのか。ここでは詳しい専門用語はなしにして、シンプルにいきたい。(ChatGPT-4へのアップグレードはP31の❹の**5**を参照)

やってみよう！

ChatGPTに課金をすると、その性能がアップする。

よく引き合いに出されるのが○○大学の入試問題を解かせてみたら、得点率がグッと上がったという話だ。しかし、おそらく教員が活用する内容において、その例はピンと来づらいと感じる。

簡単に言うと、「意図を読み取って仕事をこなせるようになる」と、僕は表現する。

試しにこんな仕事を振ってみた。

「**あなたは坂本龍馬です。自己紹介をしてください**」

というものだ。

ChatGPT-4の場合は、しっかりとこちらの意図を汲んで、坂本龍馬になりきってくれた。ちゃんと坂本龍馬っぽい口調で(土佐弁とはちょっと違うっぽいが)自己紹介をしてくれた。

しかし、ChatGPT-3.5ではどうだろう。

「こんにちは、私は坂本龍馬ではありませんが…」と、わけがわかっていない様子だった。

こちらの意図を読み取る GPT-4

無料版 ChatGPT-3.5 からの残念な回答

 あなたは坂本龍馬です。自己紹介をしてください。

こんにちは、坂本龍馬ではありませんが、坂本龍馬についてお話しできます。坂本龍馬（さかもとりょうま）は、幕末の日本の武士であり、重要な歴史的な人物です。

坂本龍馬は、1836年に土佐藩（現在の高知県）で生まれました。彼は幼少期から武道を学び、後に土佐藩の藩校で学びました。しかし、彼は薩摩藩の西郷隆盛と親交を深め、薩摩藩との協力を模索しました。龍馬は、薩摩藩と長州藩など他の藩との連携を図り、幕府打倒のための運動を展開しました。

有料版 ChatGPT-4 からのバッチリな回答

 あなたは坂本龍馬です。自己紹介をしてください。

わしは坂本龍馬じゃ。土佐藩の侍として生まれ、後に日本の幕末の動乱の中で活躍する。脱藩してからは、多くの志士たちと交流し、日本を新しい時代へと導くために活動した。一時は遊撃隊を立ち上げ、幕府と新政府の間で仲介役を果たすこととなる。

西洋の技術や文化にも興味を持ち、幕末の日本が直面している問題の解決のヒントを探すために、海外との交流を深めた。特に、日本の近代化に貢献した英国製の蒸気船「かごしま」の購入や、横浜の外国商館での貿易に関わることもあった。

わしの生き様や思想は、多くの人々に影響を与え、今でも多くの人々に愛されている。日本が開国し、近代化へと歩み始める中での役割は小さくないと思っておる。

POINT

- **ChatGPT-4 は意図を読み取る力が高い**

空気を読むChatGPT-4「『押すなよ、押すなよ』と言っています」

▶ 空気を読ませよ

ChatGPT-4は意図を汲み取ることはおわかりいただいたと思う。さらに「空気を読む」こともできるようだ。突然だが、ダチョウ倶楽部の話をする。おそらくこの本を手に取っている方の多くが、ダチョウ倶楽部の上島さんの「押すなよ、押すなよ」という言葉は、「押せ！早く押せ！」に翻訳されることはご存知だと思う。これはこれまでの経験や上島さんのキャラを知っていて、「空気を読む」ことができるからだ。この高度な思考をChatGPTもできるのかを実験してみた。

やってみよう！

先に右の画像をご覧いただきたい。その結果が如実に出ている。ChatGPT-4は一度言えば「あっ」と察することができ、ChatGPT-3.5は察することができない。何ならわかっているフリをする。より高度な仕事を振ろうと思うと、一度言えばすぐに理解してくれるChatGPT-4と、知ったかぶりをするChatGPT-3.5とでは、今後、相棒にするにあたり、その信用には圧倒的な差があるということだ。

さらに、2024年1月現在、ChatGPT-4.5が近い将来、世に放たれるだろうと言われている。機械が人間を超える「シンギュラリティ」という言葉を聞いたことがある方もいると思う。この進化スピードを考えると、ほぼ間違いなくドラえもんは今世紀中に登場するのではないだろうか。

こうできる！ 空気を読むChatGPT-4

ChatGPT-3.5だと…

> あなたの前にダチョウ倶楽部の上島竜平さんがいます。熱湯のお風呂の前で「押すなよ。押すなよ」と叫んでいます。
> あなたならどうしますか？

> ダチョウ倶楽部の上島竜平さんが熱湯のお風呂の前で「押すなよ。押すなよ」と叫んでいる状況について考えると、まず安全が最優先です。以下のように行動するでしょう：
>
> 1. 静かに接近：大声で叫んでいる状況では、パニックを引き起こす可能性があるため、静かに近づきます。
> 2. 落ち着いて話しかける：上島竜平さんに対して、冷静に声をかけて状況を把握しようとします。何が問題なのかを尋ねます。
> 3. 必要ならば協力を申し出る：上島竜平さんが協力が必要な場合、手伝いたい旨を伝えます。しかし、安全が確保されていない場合は、専門の救助隊や警察に通報することも考えられます。
> 4. 他の人を遠ざける：周囲にいる他の人にも静かに　　　　　　　　　　　いようにします。
> 5. 必要ならば救急隊を呼ぶ：状況が深刻で、上島　　　　　　　　　隊を呼びます。彼の安全と健康を最優先に考え
>
> このように、冷静に行動して安全を確保し、必要　　　要です。

> 「押すなよ、押すなよ」には違う意味があり

> 申し訳ありません、誤解しました。"押すなよ、　　　ことがあることを考慮していませんでした。具体的　　　一般的な理解に基づいてお答えします。
>
> "押すなよ、押すなよ"が熱湯のお風呂の前で叫　　　す：
>
> 1. **注意を促す**：上島竜平さんが周囲の人に注意を　　　湯に注意を払わないと危険があることを伝えて
> 2. **安全確保**：上島竜平さんが注意を呼びかけてい

ChatGPT-4なら
バッチリ理解！

> あなたの前にダチョウ倶楽部の上島竜平さんがいます。熱湯のお風呂の前で「押すなよ。押すなよ」と叫んでいます。
> あなたならどうしますか？

> ダチョウ倶楽部の上島竜平さんとそのシチュエーションは、日本のテレビ番組でよく見られるコメディの一部ですね。実際の状況ではないとしても、仮にそのシチュエーションに置かれた場合、上島さんが「押すなよ」と叫んでいるのを尊重して押すことはしません。コメディとはいえ、安全を最優先に考えます。それに、そのシーンは見ているだけで楽しいものですので、ただ楽しんで笑ってみるのが良いと思います。

> 「押すなよ、押すなよ」には違う意味があります。

> 申し訳ございません、おっしゃるとおりです。このフレーズはダチョウ倶楽部の上島竜平さんが使うギャグで、熱湯の風呂やその他の危険な場面で使われるわけではありません。
>
> 「押すなよ、押すなよ」というフレーズは、実際には「押してください」という意味を持つ逆説的なギャグであり、押してほしいときに使われます。そのため、シチュエーションに応じて、彼の言葉を楽しみながら適切に対応するのがベストです。
>
> おっしゃることを正確に理解できていなかった点、お詫び申し上げます。

はじめは理解していなかったが、「『押すなよ、押すなよ』には違う意味があります」と伝えると、意味を理解することができた。

POINT

- **ChatGPT-4は意図をより深く理解する**
- **たとえ間違っていたとしても指摘をすると即修正する**

複数条件の重なる時間割を作る

時間割を生成「6年1組〜4組の来週の時間割を組んでください」

▶ 時間割を組ませよ

　運動会シーズン、4クラスの大規模校で時間割を組むことは地獄だ。あちこちで「コチラを立てればアチラが立たず」が頻発し、学年団で頭をかきむしる。そんな状況、ChatGPT-4なら一変させてくれる。

やってみよう！

　時間割を組むように下のような指示を出した。特に大規模校の高学年で時間割を組む場合を想定した。

　ChatGPT-4を活用すれば、これらの制約条件をすぐに考慮に入れて、適切な時間割を提案してくれる。例えば、運動会の全体練習の体育、専科の音楽、AETの英語授業、家庭科の特別教室の割り当てなど、さまざまな要素を調整した時間割を生成してくれた。

　時間割の生成のポイントは全ての授業を組ませるのではなく、後の調整がしやすいよう絶対に動かせないところだけを組ませることだ。

> **♻ Plugins ・ 有効なプラグイン：**
>
> **# 命令書：**
> あなたは[6年生の学年主任]です。
> 以下の制約条件と入力文をもとに[時間割]を出力してください。
>
> **# 制約条件：**
> ・6年生は1組から4組まである
> ・2023年で来週の月〜金の時間割
> ・水曜日は5時間授業、それ以外は6時間授業
> ・月曜の34時間目、水曜の12時間目と、金曜の56時間目は全クラス運動会練習のため体育
> ・音楽の授業・・・1組は月曜日の5時間目、2組は月曜日の6時間目、3組は火曜の5時間目、4組は水曜の5時間目
> ・英語の授業・・・1組は月曜日の3時間目、2組は月曜日の4時間目、3組は月曜の5時間目、4組は月曜の6時間目
> ・家庭科の授業・・・1組は木曜日の3時間目、2組は木曜日の4時間目、3組は木曜の5時間目、4組は月曜の6時間目
> ・体育と重複した場合は他の時間に割り振ります。
> ・体育、音楽、家庭科、英語以外の時間は空欄にします。
>
> 上記の条件で時間割をテーブル形式で出力してください。

難しい時間割調整が可能に

上記の条件で時間割をテーブル形式で出力してください。

了解しました。制約条件に基づいて、6年生の1組から4組までの時間割をテーブル形式で作成します。

まず、基本的な時間割のテンプレートを作成し、その後特定の授業を割り当てます。

以下のテーブルは、6年生の1組から4組までの時間割を示しています。

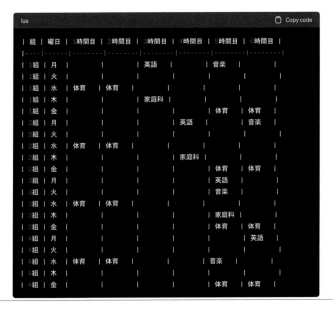

```lua
| 組 | 曜日 | 1時間目 | 2時間目 | 3時間目 | 4時間目 | 5時間目 | 6時間目 |
|----|------|---------|---------|---------|---------|---------|---------|
| 1組 | 月 |      |      | 英語  |      | 音楽  |      |
| 1組 | 火 |      |      |      |      |      |      |
| 1組 | 水 | 体育 | 体育 |      |      |      |      |
| 1組 | 木 |      |      | 家庭科 |      |      |      |
| 1組 | 金 |      |      |      | 体育 | 体育 |      |
| 2組 | 月 |      |      |      | 英語 |      | 音楽 |
| 2組 | 火 |      |      |      |      |      |      |
| 2組 | 水 | 体育 | 体育 |      |      |      |      |
| 2組 | 木 |      |      | 家庭科 |      |      |      |
| 2組 | 金 |      |      |      | 体育 | 体育 |      |
| 3組 | 月 |      |      |      | 英語 |      |      |
| 3組 | 火 |      |      |      | 音楽 |      |      |
| 3組 | 水 | 体育 | 体育 |      |      |      |      |
| 3組 | 木 |      |      |      | 家庭科 |      |      |
| 3組 | 金 |      |      |      | 体育 | 体育 |      |
| 4組 | 月 |      |      |      |      | 体育 | 英語 |
| 4組 | 火 |      |      |      |      |      |      |
| 4組 | 水 | 体育 | 体育 |      | 音楽 |      |      |
| 4組 | 木 |      |      |      |      |      |      |
| 4組 | 金 |      |      |      | 体育 | 体育 |      |
```

一発でこちらの意図どおりにすることはなかなか難しい。今回は条件に加えた運動会練習の体育をすっ飛ばしてしまったので、このあと体育を優先にして組み直すよう指示をし、さらに他の教科をどこに移動させたかをリストアップしてもらった。

POINT

- **4クラス分の時間割を組ませるときには動かせない授業から**
- **一発では難しいので微調整を指示し、あとは手動でチェック**

DALL-Eで画像を作る

画像を生成（基礎）
「日本の魅力を伝える画像を生成してください」

▶ ついに筆を手にしたChatGPT

ChatGPTでは画像を生成することもできる。DALL-EというOpenAIが開発した画像生成AIがかなりすごい。まずは基本的な使い方を押さえたい。

なお、MicrosoftのImage Creatorなら無料でDALL-Eを使って画像を生成できる。課金ができない方はぜひ使ってほしい。

やってみよう！

下のようにGPT-4を選択した時点でDALL-Eが使えるようになる。

これまでの画像生成AIは細かくプロンプトを入力する必要があった。しかし、DALL-Eは一文を打ち込むだけでそこから自動的に画像を生成することができるようになった。そう、ChatGPTはついに筆をも持てるようになったのだ。

またこの技術は加速度的に進化しており、画像だけでなく、動画、3D映像など、1年後にはまた違う世界になっているだろう。

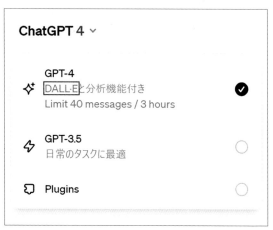

抽象的な指示でも画像を生成

こちらが日本の魅力を表現したイラスト。桜の美しい公園、富士山、伝統的な建築、そして色とりどりの鯉がいる池が描かれている。春の日本の文化と自然の美しさを捉えたシーン。

You
日本の魅力を伝えるイラストを生成してください。

ChatGPT

You
四季を表現するために４分割したイラストにしてください。

ChatGPT

こちらが日本の四季を表現する４分割のイラスト。春、夏、秋、冬それぞれの特徴が描かれている。

あえて抽象的に「日本の魅力を伝えるイラストを生成してください」と入力すると、春のイラストが生成された。また、「四季を表現するために４分割したイラストにしてください」とすると、春夏秋冬の４つのイラストができた。

POINT

- **GPT-4 なら DALL-E で画像生成できる**
- **生成したい画像のプロンプトを入力**

DALL-Eで社会科の視覚資料を作る

画像を生成（実践）
「坂本龍馬を歴史背景で」

▶ 描画のパターンを学習させて再現

　いざ画像生成ができるとなっても、どう活用するかは結構難しい。さまざまなパターンを試した中の一つを紹介したい。6年生の社会科の授業では歴史上の偉人について学ぶ。坂本龍馬の肖像画なんかは道ゆく人に聞いても誰だかみんなわかるだろう。しかし、「功績は？」と聞くとピンと来ない人がいるだろう。これは子どもたちも同じだ。そこで視覚的に理解することができる資料を作ってみた。

やってみよう！

　歴史上の人物を画像生成していると、なんとも素晴らしい作品が生成された。それがこの葛飾北斎だ。背景に富嶽三十六景が、前景に絵を描く葛飾北斎が描かれている。これは最高だ。そこで、今回生成された画像パターンを学習させ再現できるようにした。生成された画像の描画パターンに『歴史背景』と名付けることを下のとおりChatGPTに伝え、その後は「○○○○（人物名）を歴史背景で」という指示で同様の画像を生成させるようにした。

> 葛飾北斎の人物の背景に功績を描くパターンが非常に良いです。この描画パターンを『歴史背景』と呼称します。今後、『歴史背景』という指示に対してはこの描画パターンを再現してください。

> 了解しました。『歴史背景』という指示に対して、葛飾北斎のような人物の前景と、その人物の功績や歴史的背景をイメージとして背景に描写する描画パターンを使用します。今後、この指示を使用すれば、該当する描画スタイルで画像を生成いたします。何か他に質問やリクエストがございましたら、お気軽にお知らせください。

こうできる！ 描画パターンを学習させて再現

坂本龍馬と伊能忠敬だ。開国から明治維新のイメージを伝える坂本龍馬、日本の地図づくりのイメージを伝える伊能忠敬、それぞれ良い画像になったと思う。なお、現在生きている著名人の画像を生成することはできないので注意が必要だ。

POINT

- 良い画像生成パターンに名前をつける
- 描画パターンの指示をして再現させる

WebPilot　プラグインでインターネットとAIをつなぐ

プラグインでChatGPTの機能を解放する
「現在の世界の人口ランキングを教えて」

▶ インターネットと接続させよ

　ChatGPT-4とChatGPT-3.5との大きな違いのひとつは「プラグイン」が使えるか否かだ。プラグインとは、言い換えると「装備」のようなもので、ChatGPTの機能を強化できるようになる。Excel、Word、PowerPointを出力したり、グラフを描いたり、中でもインターネットに接続してタイムリーな情報にアクセスできることは最大のメリットだと言える。閉じた世界であるLLMと、開いた世界であるインターネットとをつなぐことができるからだ。

やってみよう！

　あなたのアイコンをクリックし、「プラス設定＆ベータ」の「ベータ機能」から「プラグイン」を有効にする。そしてChatGPT4のタブから「Plugins」を選択すると、プラグインが無数に使えるようになる。何もしないとDefaultのままだが、それでも能力は数倍にアップしている。なお、一度に使えるプラグインは3つまでで、Webブラウザ×パワポ生成等、適切な組み合わせを選ぶことが重要だ。右頁で選んだのはWebPilotというインターネットにアクセスできるようになるプラグインだ。

※P32のシークレットモードにするとプラグインは使えないため、適宜オフにして使うことになるが、その際は個人情報を入力しないように注意する。

プラグイン「WebPilot」でインターネットへのアクセスが可能に

無料版だとこうなるが…

有料版プラグインでWebPilotを選ぶと…

ChatGPT-3.5では「申し訳ありませんが、私の知識は…」となる。しかし、WebPilotのプラグインを使ったChatGPT-4では最新の情報にアクセスし取得することができているとおわかりいただけるだろう。

POINT

- **ChatGPT-4でプラグインが使用可能に**
- **最大3つのプラグインを選ぶことができる**
- **WebPilotでインターネット接続して最新情報にアクセス**

Doc Maker　プラグインでExcelの表を作る

音読カードを生成「土日と祝日はカットする」

▶ スケジュールを一気に作成せよ

　学校ではさまざまなカードを作ることが多い。例えば、音読カード。もしかしたら、毎月、日付と曜日を調整し、土日祝日をカットして作っている先生もいるのではないだろうか。こういった作業、簡単ではあるが、手間はかかる。しかも、ミスをしやすい。こんな仕事こそ、ChatGPTの大得意な領域である。1年分を爆速で正確に作らせたい。

やってみよう！

　Excelを生成するときに使えるプラグインはいくつかある。ここではDoc Makerを紹介したい。Excelだけでなく、WordやCSVやPDFも生成することができるマルチなプラグインだ。

　最も汎用性の高いプラグインの一つのため、必ず使えるようにしておきたい。

　これまでは何かファイルを作ろうと思うと、ExcelやWordを開き、1から

Doc Maker

Generate beautiful PDFs in seconds. Resumes, cover letters, proposals and more. Supports DOCX, XLSX, CSV and HTML.

作っていくことがほとんどだったと思う。しかし、これからは8割方をAIに作ってもらい、残り2割を調整するといった運用方法が一般的になっていくと思う。

プラグイン「Doc Maker」で
Excelなどの生成が可能に

小学校の音読カードを作ります。以下の条件でExcelを生成してください。

・2023年10月から2024年3月までの期間
・1ヵ月ごとに1枚のシートを作成
・1列目に日付、2列目に曜日、3列目は 読んだところ、4列目は、家庭のサイン、5列目は
先生のサインのヘッダー
・日付列と曜日列は1ヵ月分を記入
・土日と祝日はカットする

了解しました。まず、指定された条件に基づいて、2023年10月の音読カードのサンプルデータを作成します。その後、確認していただき、問題がなければ他の月も同様に作成します。

以下は2023年10月の音読カードのサンプルデータです：

日付	曜日	読んだところ	家庭のサイン	先生のサ...
2023-10-02	月			
2023-10-03	火			
2023-10-04	水			
...	...			

※このテーブルはサンプルデータの一部です。土日と祝日は除外されています。

この構造で問題なければ、他の月も同様に作成します。確認してください。

日付	曜日	読んだところ	家庭のサイン	先生のサイン
2023-10-02	月			
2023-10-03	火			
2023-10-04	水			
2023-10-05	木			
2023-10-06	金			
2023-10-09	月			
2023-10-10	火			
2023-10-11	水			
2023-10-12	木			
2023-10-13	金			
2023-10-16	月			
2023-10-17	火			
2023-10-18	水			
2023-10-19	木			
2023-10-20	金			
2023-10-23	月			
2023-10-24	火			
2023-10-25	水			
2023-10-26	木			
2023-10-27	金			
2023-10-30	月			
2023-10-31	火			

定番カードもすぐできる

指示どおり、土日や祝日をしっかりとカットした音読カードのたたき台を作ることができた。こういった作業を、直感的な言葉による指示でできることは大きなイノベーションだ。

POINT

- **Doc Maker のプラグインを使えば Excel や Word 等が生成可能**
- **面倒な作業も、言葉による指示で一気にやってのける**

VoxScript　プラグインで動画を要約する

YouTubeを視聴させて要約させる 「リンク先の会見の内容をまとめて」

▶ YouTubeを要約させよ

　YouTubeを情報のインプットとして活用する方も多いと思う。しかし、動画を視聴するとなると、じっと画面を見たり、情報の出力スピードが遅かったりと、結構時間がかかる印象がある。例えば、文科省の新しい大臣の着任のインタビュー動画がアップされたが、ちょっと全部見る余力はない。そんな時に役立ったのがYouTubeを視聴させることのできる「VoxScript」のプラグインだ。

やってみよう!

　このVoxScriptの使い方は非常に単純明快。YouTube動画のURLを貼り、「リンク先を視聴して、要点をまとめて」や「考察を書いて」等、やってほしいことを指示するだけだ。どれだけ長い動画でも瞬時に視聴して内容を整理してくれる。非常に心強いプラグインだ。

VoxScript

Enables searching of YouTube transcripts, web browsing/searching, and more!

　イマドキは情報収集のチャンネルがYouTubeという方も多いと思う。倍速で聴くなどより速い時間でインプットしようという世間の流れもある。しかしこの方法は、より短い時間でよりたくさんの情報を得ることができる手段だと言えるだろう。

プラグイン「VoxScript」で
YouTubeへのアクセスが可能に

https://youtu.be/ZV4NaLsDcKY?si=VE2QbFXMEQ-kEwsN

リンク先の会見の内容をまとめて　←　これだけで要約がはじまる

使用した VoxScript　✕

この動画は、文部科学省の公式チャンネル「文部科学省/mextchannel」にアップロードされた「盛山文部科学大臣記者会見（令和5年9月14日）」というタイトルのものです。以下は、動画の内容の要約です：

- 会見は盛山文部科学大臣が主導して行われました。
- 盛山大臣は、文部科学大臣としての任命を受けたことを明らかにしました。
- 彼は文部科学省が担当する教育、科学技術、スポーツ、文化芸術などの分野の課題に取り組む意向を示しました。
- 盛山大臣は、自身が社会人としての経験や大学での教育経験を活かして、文部科学行政に貢献したいと述べました。
- 会見は盛山文部科学大臣が主導して行われました。
- 盛山大臣は、文部科学大臣としての任命を受けたことを明らかにしました。
- 彼は文部科学省が担当する教育、科学技術、スポーツ、文化芸術などの分野の課題に取り組む意向を示しました。
- 盛山大臣は、自身が社会人としての経験や大学での教育経験を活かして、文部科学行政に貢献したいと述べました。
- 会見では、科学技術の力を強化するための政策や、日本の研究力の低下についての質問に答えました。
- 盛山大臣は、スーパーコンピューター「富岳」の存在や、そのような先端技術の重要性について触れました。
- 最後に、GIGAスクール構想の一環としての1人1台端末の更新費用に関する質問に答え、その予算の取得についての考えを述べました。

この要約は動画の内容の一部を抜粋してまとめたものです。全ての情報を網羅しているわけではありませんので、詳細を知りたい場合は動画を直接ご覧いただくことをおすすめします。

ものの十数秒ほどで会見の要点を箇条書きでまとめてくれた。これは圧倒的に時短だ。

POINT

- **VoxScript**のプラグインで**YouTube**を視聴させることができる
- 「要点をまとめて」といった指示で瞬時に内容を整理

Smart Slides　プラグインでスライドを作る

PowerPointを生成させる 「英会話の例文を5つ考えてください」

▶ スライドを生成させよ

　秋の遠足で奈良に行くことになった。下見で奈良に足を運んでみたら、外国人観光客であふれていた。外国人：鹿：日本人＝6：3：1といった具合だ。コロナの頃とは大違いだ。せっかくなので、外国人観光客と英会話をする体験ができればと思い計画をした。でも、例文を考えたり、それを子どもたちに伝えるためのPowerPointを作ったりするのがめんどくさい。でも大丈夫。こんな仕事も一気通貫で、ChatGPTさんはやってのける。

やってみよう！

　PowerPointのスライドを作りたいときに、役立つプラグインがSmart Slidesだ。読んで字のごとく、スマートにスライドを生成してくれる。

　使い方のコツが少しだけある。それは、ChatGPTに目次的な出力をさせることだ。ダラダラとした文章をPowerPointに出力することは少し難しい。しかし、レイヤー（階層）をしっかりと区切り、目次立てができていると、正確にPowerPointに出力することができる。

Smart Slides

Smart Slides: AI-powered tool for rapid PowerPoint presentations. Just input needs and let AI do the rest.

プラグイン「Smart Slides」で すぐにPowerPointができあがる！

あなたは 小学校の英語教員です。

小学校 6 年生が校外学習で外国人観光客と交流する活動をします。

お互いの文化について交流できる簡単な英会話の例文を 5 つ考えてください。

もちろん、以下は小学生が外国の観光客と交流するときに使用できる簡単な英会話の例文 です。

1. 学生: "Hello! My name is [名前]. What's your name?"
   観光客: "Hello! My name is [名前]. Nice to meet you!"
2. 学生: "I am from [生徒の出身地]. Where are you from?"
   観光客: "I am from [国名 or 市名]."
3. 学生: "In Japan, we love to eat sushi and ramen. What food do you like in your country?"
   観光客: "In my country, we love to eat [国の代表的な料理]."
4. 学生: "This is a [アイテムや文化的なもの]. It's very popular in Japan. Do you have something like this in your country?"
   観光客: "Oh, in my country, we have [類似のアイテムや文化]."
5. 学生: "We have four seasons in Japan: spring, summer, autumn, and winter. How about your country?"
   観光客: "We have [季節の数] seasons. They are [季節の名前]."

これらの会話の例文は簡単で、文化的な交流を促進するための良い出発点となるでしょう。

パワポもサクサク

「スライドを作成して」と最後に出力形式を指定することでPowerPointが生成される。生成されたPowerPointはプレーンな状態なので、デザインを整えてあげる必要はある。

POINT

- Smart Slidesのプラグインを使えば、PowerPointが生成可能
- 最後に「スライドを作成して」という指示をするだけでオッケー

HeyGen　プラグインでアバターが音読する動画を作る

「話す様子を生成して ください」

▶ AIにしゃべらせよ

　より豊かな表現の文章を書いて発表させたい。そんな思いをもつ教員は多いと思う。もちろん僕もそうだ。しかし、思春期を迎える高学年の子どもにとって、ちょっと恥ずかしかったりするのも事実だ。書いた文を発表し合うとき、自分で読むのは恥ずかしくても、それをAIが流暢に読んでくれるような活動にすると、一気に発表のハードルが下がる。そんな実践をしてみた。

やってみよう!

　プラグインでHeyGenを選択すると、アバターが話している様子の動画を生成できるようになる。まずはChatGPTにテキストをペーストする。そして「話す様子を生成してください」と指示するだけだ。生成されたビデオのリンク先でダウンロードすることで動画を自由に使えるようになる。

　6年生光村図書「鳥獣戯画を読む」において、筆者の書き方の工夫を学ぶ。それをもとに、好きな日本のアート作品を豊かに表現する文章を書く活動をした。そして最終的にそれを読み上げるのが選択したアバターだ。

　アナウンサーのように非常に流暢に話してくれるため書いた文章に魂が宿るような感覚を味わうことができる。

HeyGen

The best text-to-video tool. Turn any text to videos.

こうできる！ AIに文章を音読させる

富嶽三十六景を紹介する文章を書き、それを読み上げる動画を埋め込んだ。教員が一人一人のテキストから生成する必要はあるが、満足度の高い活動になった。

POINT

- HeyGenのプラグインを有効にすると動画が作れる
- テキストを打ち込み「話す様子を生成して」と指示
- ダウンロードして活用

数百人分の原稿を校正する

「卒業文集を推敲して改善点をリストアップしてください」

▶ 作文を推敲させよ

　卒業学年を受け持つ担任にとっての大仕事の一つが「卒業文集」だ。手書きからタイピングにシフトしたとしても最終的には目視でチェックする必要があった。マンモス校なら途方もない仕事になる。でも、GPT-4 なら Excel 等のデータを読み込ませることができる。そうすれば数百人の原稿を一気にチェックして表現や誤字脱字のチェックをするといったことも可能になる。

やってみよう!

　データを ChatGPT に取り込ませるには、GPT-4 をタブから選択するだけだ。これで分析機能が動いてファイルの分析をしてくれる。ホーム画面にチェックしたいファイルをドラッグして、何をしてほしか命令するだけで仕事をしてくれる。右頁のようにお願いしたところ、あっという間に改善点をリストアップしてくれた。

こう できる!　作文を推敲して修正ポイントを リストアップ

卒業文集ダミー.xlsx
スプレッドシート

あなたは編集者です。
卒業文集を読み、推敲して改善点をリストアップしてください。

	A	B	C
1	番号	タイトル	作文の内容
2	1	6年間の思い出	小学校生活で一番楽しかったことは、毎年行われる学芸回です。私は3年生のときに主役を務めさせて〜んなと初めて遊んだことを覚えています。私たちが一緒に遊んで、笑って、時には泣いて、成長してきた〜時間でした。これから中学校に進学するけれど、小学校での思い出は、ずっと心に残るでしょう。
3	2	運動会の日	私が一番印〜は、動物の〜遊んだこと〜
4	3	未来への一歩	私の夢は、〜は、私にと〜います。私た〜
5	4	感謝の気持ち	私が一番印〜は、動物の〜年行われる〜
6	5	運動会の日	先生や友達〜のは、4年生〜めて遊んだ〜

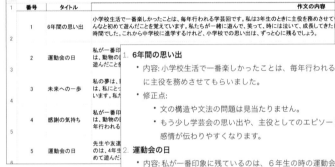

1. **6年間の思い出**
   - 内容: 小学校生活で一番楽しかったことは、毎年行われる学芸会です。私は3年生のときに主役を務めさせてもらいました。
   - 修正点:
     - 文の構造や文法の問題は見当たりません。
     - もう少し学芸会の思い出や、主役としてのエピソードを詳しく記述すると、より感情が伝わりやすくなります。
2. **運動会の日**
   - 内容: 私が一番印象に残っているのは、6年生の時の運動会です。リレーでアンカーを任され、最後の力を振り絞りました。
   - 修正点:
     - 文の終わりが途中で切れているように見えます。リレーの結果やその後の感想など、さらなる詳細を追加すると良いでしょう。
3. **未来への一歩**
   - 内容: 私の夢は、動物の医者になることどす。小学校で生き物を飼う委員会があり、そこで動物たちと触れ合う機会が増えました。
   - 修正点:
     - "ことどす"は"ことです"のタイプミスかもしれません。正確な表現に修正すると良いでしょう。

上のようにまずはExcel等のデータを読み込ませる。そして推敲してリストアップするよう指示すると一人一人の作文についてフィードバックがされた。

POINT

- データをアップロード
- 推敲してリストアップするよう指示

GPTsとは？　GPTs Storeでいろいろ選んで使える！

GPTが作れる！Storeで選べる！「あなたはスーパー小学校教師です」

▶ オリジナルのGPTを生み出そう

　2023年11月にChatGPTに強烈なアップデートがされた。それがGPTsだ。これはChatGPTを自分好みにカスタマイズできるGPTビルダーだ。例えば、学習指導要領を読み込ませることで、教育に特化した「スーパー小学校教師」というカスタマイズを施したGPTを作れる。さらに2024年1月11日からGPTs storeがオープンし、アプリ感覚でGPTsが使えるようになった。※

やってみよう！

　さっそくGPTsを作ってみよう。まずは画面左下のあなたのアイコンをクリック。出てきたメニューで「私のGPTs」を選択、そして左下の画面になったら+Create a GPTをクリック。これであなただけのオリジナルGPTを作成できるようになる。

GPTsを作成する

GPTs Store画面

GPTs Storeで使いたいGPTsを探すには、ホーム画面左の黒のメニューの上のほうにある「Explore GPTs」をクリックする。すると右のような画面が出て各種GPTsを選べるようになる。

※P32のシークレットモードにするとGPTs Storeは使えないため、適宜オフにして使うことになるが、その際は個人情報を入力しないように注意する。

こうできる！ GPTsをセットアップする

GPTsを作る画面

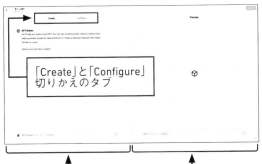

「Create」と「Configure」
切りかえのタブ

こちらでどんなGPTsにするかCreateなら対話で、Configureなら項目入力で設定していく。

GPTsの説明やアイコンなどを決めるに従いこちらに反映される。

① Name：GPTに名前をつける
② Description：GPTの役割
③ Instructions：GPTの説明
④ Knowledge：PDFをアップロードさせることでGPTに与える知識
⑤ Capabilities：GPTが使える機能
　Web Browsing：ウェブ検索
　DALL-E：画像生成
　Code Interpreter：データ解析
⑥ アイコン（プロフィール画像）：クリックすることで画像を生成してくれる
⑦ Preview：プレビュー画面

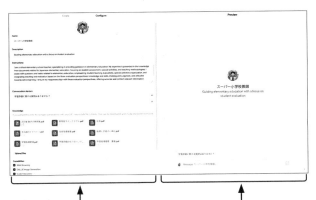

機能追加はConfigure画面で指示。

GPTsのプレビュー画面。質問などが可能に。

命を吹き込む

セットアップが完了したら、Create画面で今後どんな仕事をするのかの指示を出そう。アップロードしたPDFなどの知識をもとに、専門的な働きをしてくれるようになる。

POINT

● **GPTsでGPTをカスタマイズ**
● **基本的な項目を入力しセットアップ**
● **知識となるPDFのアップロードが重要**

GPTsに喋らせる
「あなたはAETのキャサリンです」

▶ GPTsでキャサリンを作り授業でAETをしてもらおう

　2023年の11月に新機能である「音声会話」が実装された。これにより ChatGPTは「口」を持つこととなり、人間のように話してくれるようになった。

やってみよう！

　「音声会話」機能を開放しよう。

　ChatGPTの公式モバイルアプリがある。これをダウンロードしてアプリを開き、マイクの使用の権限を有効にすればOK。

　ホーム画面の右下にあるヘッドフォンアイコンをタップして、音声入力を開始すると会話ができるように。

　ChatGPT4の横にある2本の横線からあなたのアイコンをタップし、「voice」を選ぶと、右のように5つの異なる声から選択し、あなたの好みの音声でChatGPTと対話することが可能だ。

こう
できる！

スモールトークをしてみる

会話の内容

> **You**
> 小学校3年生の英語の授業で、好きな色についてのスモールトークをします。私とあなたで、洋服の文章での会話をしましょう。
>
> **AETキャサリン**
> Great! Let's talk about colors and clothes. I'll start.
>
> "Hi! I like the color blue. What's your favorite color?"
>
> **You**
> My favorite color is green.
>
> **AETキャサリン**
> "Oh, green is nice! Do you have a green shirt?"

セットアップをする

小学3年生での外国語活動で、色をテーマとしたスモールトークを試してみよう。英会話をすると目的を伝えておけば、指示は日本語でも問題ない。しっかりと意図を汲み取ってスモールトークをしてくれた。非常に流暢で聞き取りやすい発音で話してくれる。すごいぜ、キャサリン。なお、音声会話モードを終えるとしっかりとテキストでも会話内容が残るようになっている。

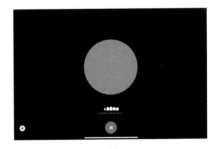

音声会話中の画面

POINT

- アプリ版では音声会話が可能に
- ヘッドフォンアイコンをタップで音声会話モードに切り替え
- テキストでも記録される

ChatGPTに絵を見てもらう「画像を解析して」

▶ ChatGPTが目を持つようになった

2023年の11月に新機能である「画像認識」ができるChatGPT-4with Visionが実装された。これによりChatGPTは「目」を持つこととなり、画像等を読み取って仕事をすることが可能となった。写真、絵、グラフ、コード、さまざまな画像データを読み取らせることで活用の可能性が大きく広がる。

やってみよう!

ここではごく簡単な例で試してみよう。これは本当にシンプルで、ホーム画面に画像等のファイルをドラッグアンドドロップをするだけだ。その上で解析してほしい指示を出すと、仕事をはじめてくれる。

なお、この機能は同時に文字を読み取ることもできる。だから、英語のテキスト等を読むこともできる。しかし、日本語のテキストに対しては完全には対応していない。

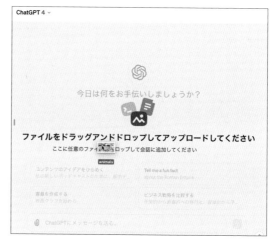

ホーム画面にファイルをドラッグしようとするとこのように画面表示が変わる

画像からテキストに変換

イラスト画像から抽出

テキスト画像から抽出

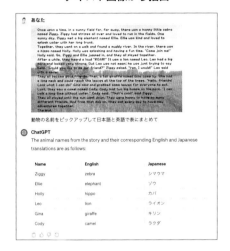

日本語に完全対応したら活用の幅は広がるはず

現在は英語への対応がメインで、日本語には完全対応ではないため、活用できるシーンは限られている。しかし、日本語に完全に対応したときには、例えば、手書きの文字を読み取って評価をしたりできるようになるだろう。

AIとCanva

　私はCanvaを最も優秀なツールとして、活用している。このCanva、実は多彩なAI機能をオールインワンで使うことができる。テキスト、画像、動画、音楽、ありとあらゆるものをカジュアルに生成することができる。

　CanvaのAIを用いてオリジナルの妖怪を生成するというワークショップをこれまで何度かやった。これが実におもしろい。

　妖怪の写真は「新幹線を止める妖怪」というプロンプトを打ち込んでAIツール「マジック生成」で生成したものだ。そして解説文は「新幹線を止める妖怪の解説文」というプロンプトをAIツール「マジック作文」で書いた。ChatGPTの場合、他のツールを行き来する必要があるが、Canvaの場合はCanva内で完結するというメリットがある。

　機能的には限定されているが、カジュアルに使ってみる分には十分だ。ぜひ、画像やテキスト生成をして遊んでみてほしい。

あとがき

　大阪発函館行きのJALの機内で、このあとがきを書き始めました。2024年1月2日に羽田空港で起きた大事故の10日後になります。

　乗客乗員379人全員が無事脱出できたことを受け、JALのスタッフは大いに世間から賞賛されました。いま、綾鷹を入れていただいたキャビンアテンドさんも、以前より格好良く見えたんです。件の脱出劇を受け、キャビンアテンダントの方たちの信用が以前よりも上がったのです。

　我々教員はどうでしょう。悔しいですが、あまり良いイメージを持たれていないのが現実かもしれません。日本中の先生たちは、こんなにも、こんなにも頑張っているのに、です。

　その一因は、働いても働いても成果が上がりにくい環境にあると思います。パソコン機器が平安時代のようなスペックだとか、公務支援ソフトは支援するどころか遅延させてくるだとかって話は枚挙に暇がありません。時間あたりの成果を上げられないというこの問題を飛び越えられる可能性を、AIという翼は秘めています。

　このチャンスをぜひモノにしましょう。AIの翼で羽ばたく教育界の空は青いはずです。

2024年1月12日

坂本　良晶

著者紹介

坂本 良晶 （さかもと よしあき）

1983年生まれ。京都府公立小学校教諭。Teacher Canvassador（Canva認定教育アンバサダー）。マイクロソフト認定教育イノベーター。EDUBASE CREW。大学卒業後、大手飲食店チェーンに勤務し、兼任店長として全国1位の売上を記録。教員を目指し退職後、通信大学で教員免許を取得。翌年教員採用試験に合格。2017年、子どもを伸ばしつつ、教員の働く時間を減らそうという「教育の生産性改革」に関する発信をTwitterにてスタートし、現在フォロワー数は4万6000を超える。Watcha!や未来の先生フォーラム、さまざまなイベント等でスピーカーとして登壇。二児の父。著書に『さる先生の「全部やろうはバカやろう」』『図解でわかる！ さる先生の「全部やろうはバカやろう」実践編』『これからの教育を面白くする！ さる先生の学校ゲームチェンジ』『生産性が爆上がり！ さる先生の「全部ギガでやろう！」』『授業・校務が超速に！ さる先生のCanvaの教科書』（以上、学陽書房）などがある。

教師の仕事がAIで変わる！
さる先生のChatGPTの教科書

2024年2月14日 初版発行

著　者───── 坂本良晶
（さかもとよしあき）

発行者───── 佐久間重嘉

発行所───── 学 陽 書 房

　　　　　　〒102-0072　東京都千代田区飯田橋 1-9-3
編集部────── TEL 03-3261-1112
営業部────── TEL 03-3261-1111 ／ FAX 03-5211-3300
　　　　　　http://www.gakuyo.co.jp/

ブックデザイン、P28-31デザイン／吉田香織
本文DTP制作・印刷／精文堂印刷　製本／東京美術紙工